vorwärts | buch

# „NICHTS MUSS BLEIBEN, WIE ES IST."

## Gedanken zur Gründung der Ost-SPD

Markus Meckel · Steffen Reiche (Hg.)

**vorwärts** | buch

**ISBN 978-3-86602-480-9**

6 Geleitwort

10 Vorwort

14 Markus Meckel – Einleitung

29 Konrad Elmer-Herzig

42 Sabine Heideler

54 Stephan Hilsberg

62 Torsten Hilse

72 Thomas Krüger

82 Susanne Kschenka

91 Christoph Matschie

101 Matthias Müller

110 Arndt Noack

119 Rolf Schmachtenberg

129 Steffen Reiche – Nachbetrachtung

143 Autorinnen und Autoren

# Geleitwort

Ein Geschenk der Geschichte an die deutsche Sozialdemokratie und an das demokratische Deutschland – das war der Gründungsakt der SDP am 7. Oktober 1989 in Schwante. Man mag sich nicht ausmalen, wie die Geschichte hätte verlaufen können, wenn es diese SDP nicht gegeben hätte: die westdeutsche SPD ohne eine Schwesterpartei im Osten, einer sozialdemokratisch firmierenden SED und ihren sich so neu legitimierenden alten Kadern ausgeliefert, im Westen bis zum Bruch zerstritten, ob Wandel durch Annäherung (an die SED) oder durch Abstand?
Runde Tische, freie Wahlen, neue Länder, Stasi-Bewältigung, Wirtschaft und Sozialreform – wie wäre das alles verlaufen ohne eine originär sozialdemokratische Partei in der DDR? Wären der Einigungsprozess, die außenpolitische Neu-Orientierung und die Einordnung geglückt und wie hätten die Verträge zur Deutschen Einheit ausgesehen, wenn es nicht doch die Zusammenarbeit von Sozialdemokraten in Ost und West gegeben hätte?
Ein Geschenk der Geschichte, denn es sollte in Schwante nicht irgendeine, sondern eine sozialdemokratische Partei gegründet werden. Aus der 100-jährigen Geschichte der Sozialdemokratie, aus ihren Kämpfen, Niederlagen, Siegen, Programmen und Persönlichkeiten, aus ihren Werten und Traditionen und nicht zuletzt aus ihrer Unterdrückung im SED-Staat legitimierten sich die Parteigründer als Sozialdemokraten.
Die Gründung der SDP war ein echtes Geschenk, nämlich ein unverdientes, jedenfalls unverdient für die SPD der Bundesrepublik in ihrer seinerzeitigen Verfassung. Anzeichen, ja Ankündigungen, dass in der DDR Bürgerrechtler vor allem aus kirchlichen Kreisen die Gründung einer sozialdemokratischen Partei überlegten, ja planten, erreichten die SPD-Führung wohl um die Jahreswende 1988/89, sie konkretisierten sich im Sommer 1989. Abwartend und reserviert, ohne den Versuch zu machen, sich unmittelbar zu informieren, direkte Kontak-

te aufzunehmen, politischen Rat oder organisatorische Hilfe anzubieten, blieb die SPD-Führung bis Ende Oktober befangen und gefangen in den etablierten Beziehungen zur SED und ihren, trotz der Warnungen Epplers reformbereit eingeschätzten Gesprächspartnern. So war die gut überlegte und konspirativ organisierte Gründung einer sozialdemokratischen Partei in der DDR selbstbestimmt und eigenständig, gewissermaßen eine autochthone Leistung. Sie war ausschließlich das Werk derer, die sich am 7. Oktober in Schwante versammelten und die Gründungsurkunde unterschrieben sowie derer, die eingeweiht waren, aber an der Versammlung nicht teilnehmen konnten – sie alle warfen ihre „bürgerliche Existenz" für Freiheit, Wahrheit und Gerechtigkeit in die Waagschale der Geschichte. Und daran ändert auch nichts, dass Stasi und SED durch Ibrahim Böhme vor der SPD informiert waren.
Am 9. Oktober wird im Protokoll der Präsidiumssitzung der SPD zur „Gründung einer sozialdemokratischen Partei" vermerkt: „Hier ist hervorzuheben, dass die betreffenden Personen und ihr Hintergrund noch nicht näher bekannt sind" (zitiert aus den von Ilse Fischer veröffentlichten Akten der SPD-Führung 1989/90). Menschen machen Geschichte. In den Wochen und Monaten danach, in den dramatischen Ereignissen der friedlichen Revolution habe ich die „betreffenden Personen" fast alle kennen und schätzen gelernt. Das waren keine Politprofis wie im Westen (und so wie die im Westen sind sie zum Glück bis heute nicht geworden).
Es ist gut und notwendig, dass die Buchbeiträge der Gründer biographisch angereichert sind. Es sind DDR-Biographien, die die Kühnheit und das Selbstbewusstsein zu verstehen helfen, mit der in Schwante der historische Wurf einer Parteigründung, die offene Herausforderung des DDR-Systems, die Machtfrage gewagt wurden. Geprägt durch persönliche Benachteiligungen, Schikanen, Bespitzelungen, Verfolgung und Widerstehen, in der Umwelt-und Friedensbewegung, aktiv kirchliche Freiräume nutzend und ausnutzend, im Kleinkrieg mit der Staatsbürokratie abgehärtet, vernetzt mit oppositio-

nellen Gruppen in Osteuropa und sich immer wieder selbst vergewissernd in theologischen und philosophischen Gesprächen, mit Improvisationskünstlern der praktischen Organisation – an diesen Typus von Politiker (ich denke an den beharrlichen Martin Gutzeit) musste man sich im Westen gewöhnen. Im Osten haben sie mit dem Aufbau der Parteiorganisation, an Runden Tischen, in Wahlkämpfen und Regierungsbeteiligungen eine großartige Leistung vollbracht.
„Uneinig in die Einheit" hat Daniel Sturm seine umfassende Forschungsarbeit über die Sozialdemokratie in den Jahren 1989/90 betitelt. Uneinig war zunächst auch die Reaktion der westdeutschen Sozialdemokraten auf den Gründungakt in Schwante. Zugespitzt formuliert: Das Maß der Uneinigkeit stieg mit der Position in der Parteihierarchie, und sie reicht von offener Ablehnung bis zu verhaltener Euphorie.
Am 23. Oktober setzte Hans-Jochen Vogel aber mit dem Empfang von Steffen Reiche, der zu einem Privatbesuch in Bonn war, ein wichtiges Signal. Am 31. Oktober grüßte der Parteirat in einer Resolution „in Solidarität die Frauen und Männer in der DDR, die durch einen mutigen und selbstverantworteten Akt die Sozialdemokratische Partei in der DDR gegründet haben". Und mit dem Fall der Mauer muss zur Ehrenrettung der SPD konstatiert werden, gab es aus den Bezirken und Ortsvereinen eine breite Welle von Sympathiebekundungen, Besuchen und Organisationshilfen für die nun als Schwesterpartei empfundene SDP im Osten. Die Basis ging der Führung voraus. Erst Anfang Dezember bestand im Präsidium Klarheit, dass auf dem Berliner Bundesparteitag am 18. Dezember niemand von der SED sprechen würde, sondern ein SDP-Vertreter das Grußwort halten müsse. Mit Bravour übernahm Markus Meckel diese Aufgabe.
Vier Wochen später eröffnet Stephan Hilsberg die Delegiertenkonferenz in Ost-Berlin. „Es ist die erste landesweite Konferenz der SDP in der DDR, und damit ist es die erste landesweite Versammlung der Sozialdemokraten in der DDR seit ihrem Bestehen. Die Sozialdemokratie ist wieder da." Am 14.

Januar entschied die Konferenz, dass die Partei sich in SPD umbenennt. Der Versuch der SED, sich in Sozialistische Partei Deutschlands – abgekürzt SPD – umzubenennen und der SPD ihren Namen zu stehlen, war damit endgültig gescheitert.
Am 26. September 1990 beschlossen getrennte Parteitage der SPD aus Ost und West das neue Parteistatut, am 27. September wurde es von einem gemeinsamen Parteitag bestätigt. In dem „Manifest zur Wiederherstellung der Einheit der Sozialdemokratischen Partei Deutschlands", das der Parteitag feierlich verabschiedete, heißt es: „Der Aufruf zur Neugründung der Sozialdemokratie in der DDR am 26. August und die Gründung der SDP am 7. Oktober1989 in Schwante waren ein Signal dafür, dass die SED-Herrschaft zu Ende ging". Ist das Signal in der westdeutschen SPD wirklich überall angekommen, gehört und verstanden worden? Auch heute?
Die letzten Geleitworte sprach Willy Brandt auf dem Berliner Vereinigungsparteitag: „Die sogenannte Ost-SPD führt der Gesamtpartei moralische Kraft zu, und dafür danke ich schon jetzt. Ich möchte mich bedanken bei den Frauen und Männern, die im vorigen Jahr in der DDR noch im Widerstand zum Regime der SED und ihren Blockparteien – ich wiederhole: im Widerstand zum Regime der SED und ihren Blockparteien –, das Banner der Sozialdemokratie neu entrollten. Die sich dann unter schwierigen Bedingungen um Vertrauen bei den Wählern bemühten und offizielle Verantwortung mit Anstand und Würde übernahmen".

Kiel im August 2010
Norbert Gansel

# Vorwort

Im Spätsommer 1989, 43 Jahre nach der Zwangsvereinigung der SPD mit der KPD, entstand in der DDR die Sozialdemokratie neu und wurde eine bestimmende Kraft der Friedlichen Revolution. Die Zwangsvereinigung 1946 war eine wesentliche Bedingung für die Errichtung der kommunistischen Diktatur in der Sowjetischen Besatzungszone und der späteren DDR. Die Neugründung der Sozialdemokratischen Partei in der DDR hat ihre Wurzeln in einem langjährigen aktiven Bemühen um Freiheit und Demokratie und wurde zu einem Vorboten des Sieges von „Einigkeit und Recht und Freiheit", wobei 1989/90 die Reihenfolge eine andere war: Die erkämpfte Freiheit schlug das Tor zur deutschen Einheit auf. So konnte sich im September vor 20 Jahren nach einem aktiven und bewegenden Jahr, das für Deutschland und Europa historische Bedeutung hat, die SPD aus Ost- und Westdeutschland wieder vereinigen und seitdem gemeinsam darum ringen, deutsche Politik zu gestalten.
In diesem Buch beschreiben zwölf Autoren in beeindruckender Weise, warum sie sich vor 21 Jahren daran beteiligt haben, die Sozialdemokratische Partei in der DDR zu gründen. Es wird deutlich, dass das sozialdemokratische Erbe in den Köpfen vieler Menschen in der DDR durchaus präsent war, doch im Wesentlichen eben nicht in der SED, wie manche glaubten, sondern gerade bei einem zum SED-Staat kritisch eingestellten Teil der Bevölkerung. Die durch die Ostdenkschrift der EKD wesentlich vorbereitete Ost- und Entspannungspolitik Willy Brandts und Helmut Schmidts, die beide in großen Teilen der DDR-Bevölkerung ein besonderes Ansehen genossen, spielte dabei eine wichtige Rolle.
Die Autoren schauen zurück, es sind sehr persönliche Erinnerungen an die Anfänge der Sozialdemokratie in der Zeit der Friedlichen Revolution und auf dem Weg zur deutschen Einheit. Gleichzeitig blicken sie aus der Perspektive der damaligen Ereignisse auch nach vorn und benennen gegenwärtige

wie künftige Herausforderungen. So entsteht ein Bild lebendiger Sozialdemokratie, die im Ringen um Freiheit und Partizipation, um Solidarität und mehr Gerechtigkeit, um sie selbst zu bleiben, immer neuer Anstöße und Initiativen bedarf. Wie damals, vor zwei Jahrzehnten, gilt es eben auch heute: Nichts muss bleiben, wie es ist! Veränderung ist notwendig und möglich – um der Menschen willen.

In seiner Einleitung stellt Markus Meckel die Vorgeschichte, die konzeptionellen Hintergründe und Motive dar, die Martin Gutzeit und ihn dazu brachten, die Initiative zur Gründung einer Sozialdemokratischen Partei in der DDR zu ergreifen und schließlich den Gründungsaufruf vom 24. Juli 1989 zu verfassen. Hier wird deutlich, dass die Gründung ihre Wurzeln in der langjährigen Oppositionsarbeit in der DDR hat. Gleichzeitig ging es den Initiatoren 1989 darum, die Basis für die notwendigen Veränderungen zu erweitern und im Rückgriff auf die alte Tradition der Sozialdemokratie neue Bevölkerungsgruppen zu erreichen. Die Beiträge der verschiedenen Autoren zeigen dann, wie sehr das gelungen ist – wie die „Kopfgeburt“ politisch wirksam wurde.

Die Gründung der SDP war als grundlegende Kampfansage an die SED-Herrschaft konzipiert und damit selbst ein revolutionärer Akt. So hat sie dann auch gewirkt. In ihrer Radikalität setzte diese Initiative die Schwelle für die Beteiligung hoch. Es kostete anfangs noch besonderen Mut, gerade bei dieser Initiative, und das heißt einer Parteigründung, mitzumachen, denn hier wurde das absolute Wahrheits- und Machtmonopol der SED grundlegend infrage gestellt. Der Zugang zu den anderen oppositionellen Initiativen, die mehr zu einem öffentlichen Dialog über notwendige Reformen aufriefen, war da leichter. Im Rückblick lässt sich sagen, dass beides wichtig war und sich ergänzte: nur gemeinsam war es möglich, die Massen zu mobilisieren und schließlich erfolgreich zu sein. Viele fanden ihren Weg zur Sozialdemokratie auch nach ihrer anfänglichen Mitarbeit beim „Neuen Forum“, da sie bei der SDP das nachhaltigere Konzept und die notwendige Verbindlichkeit fanden.

Die Sozialdemokratische Partei in der DDR (SDP), die sich dann im Januar 1990 das Kürzel „SPD“ gab, war die einzige politische Kraft in der DDR, die 1989/90 sowohl wesentlicher Akteur der Friedlichen Revolution war, als auch nach der freien Wahl im März eine wichtige Rolle im Einigungsprozess spielte. Die anderen Teile der ehemaligen Opposition in der DDR, die sich später zum „Bündnis 90“ zusammenschlossen, hatten auch wegen ihrer ambivalenten Haltung zur deutschen Einheit ein so schlechtes Wahlergebnis, dass sie dann als gestaltende Kraft im Einigungsprozess kaum Bedeutung erlangten. Die CDU und die Liberalen waren im Herbst 1989 noch Teil der kommunistischen Herrschaftsstrukturen gegen welche sich die Friedliche Revolution wandte. Am Runden Tisch saßen diese Parteien auf der Seite der SED. Erst mit der Unterstützung ihrer Schwesterparteien im Westen konnten sie sich als demokratische Alternative darstellen. Ihren Wahlsieg im März 1990 verdankten sie der aktuellen Zusammensetzung der Regierungskoalition in Bonn, denn – wie Steffen Reiche damals schon formulierte – die Wählerinnen und Wähler hatten im Grunde nicht die in der DDR zur Wahl stehenden Parteien gewählt, sondern die damalige Bundesregierung.
In seiner Nachbetrachtung versucht Steffen Reiche, Erfahrungen der Zeit vor über 20 Jahren fruchtbar zu machen und anzuwenden auf heutige Herausforderungen.
Bis heute gibt es keine Geschichte der Ost-SPD, die das Entstehen der Partei und ihre Rolle in diesem für die deutsche Geschichte so schicksalsreichen Jahr darstellt. Normalerweise wird die Ost-SPD nur als Anhängsel zur Rolle der West-SPD im Einigungsprozess gesehen und damit nicht angemessen wahrgenommen. Das vorliegende Buch kann und will diese Lücke nicht füllen. Vielmehr ist der Akzent auf die Anfänge der Partei gelegt, nicht einmal auf die ganze einjährige Geschichte. Hier beschreiben einige der an der Gründung Beteiligten bzw. aus ihrem direkten Umfeld ihre jeweiligen Erinnerungen an den Beginn sozialdemokratischer Politik in der DDR. Der Blick auf die ganze Zeit, auf die parlamentarische Arbeit in der frei

gewählten Volkskammer und den Einigungsprozess, ist ohne wichtige Persönlichkeiten wie Richard Schröder, Reinhard Höppner und Wolfgang Thierse, die erst später zu der jungen Partei gestoßen sind und dann eine zentrale Rolle spielten, nicht möglich. So kann dieses Buch ein Anstoß sein, zukünftig die gesamte Geschichte der Ost-SPD als ein wesentliches Kapitel der deutschen Sozialdemokratie wie der deutschen Freiheits- und Demokratiegeschichte in den Blick zu nehmen.

Berlin und Nuthetal im August 2010
Markus Meckel
Steffen Reiche

# Markus Meckel – Einleitung

Am 4. Februar 1989 beschlossen Martin Gutzeit und ich, in der DDR eine Sozialdemokratische Partei zu gründen. Es handelte sich dabei keineswegs um eine spontane Idee, sondern um die logische Konsequenz einer langen Vorgeschichte und Vorarbeit. Zum Zeitpunkt unseres Beschlusses ahnten wir nicht, dass zwei Tage später in Polen die Verhandlungen am Runden Tisch beginnen würden. In der Folge fanden erstmals im Ostblock wenigstens halbfreie Wahlen statt, mit dem Ergebnis, dass im Spätsommer 1989 Polen durch Tadeusz Mazowiecki regiert wurde, den ersten nicht-kommunistischen Ministerpräsidenten.

Wie sehr es in Mitteleuropa zu dieser Zeit gärte, hatte ich jedoch im Sommer 1988 in Ungarn erleben können. Damals war ich auf dem Weg nach Rumänien, wo Ceauşescu das Dorfzerstörungsprogramm begonnen hatte, das international für große Aufregung sorgte und die Spannungen mit Ungarn anwachsen ließ. Die ungarische Gesellschaft war mit großer Dynamik in Bewegung geraten. Das war faszinierend für mich. In der herrschenden Partei (MSZP) war János Kádár abgelöst worden, es wurden Wirtschaftsreformen beschlossen, die für die DDR noch unvorstellbar waren. Trotzdem verschärfte sich die wirtschaftliche Krise, was in der DDR-Presse zu Polemiken gegen die ungarischen Reformen führte. Die demokratische Opposition organisierte sich, die Dissidenten hatten ein „Netzwerk Freier Initiativen" und das „Demokratische Forum" ins Leben gerufen, zahllose Vereinigungen entstanden und die historischen ungarischen Parteien sowie eine erste freie Gewerkschaft wurden neu gegründet. Die Verbreitung systemkritischer Literatur (Samisdat) der Opposition erreichte immer größere Auflagen und bestimmte die öffentlichen Debatten. Schon 1987 war in der Samisdat-Zeitschrift BESZÉLÖ ein „Gesellschaftsvertrag" genanntes Programm der Opposition erschienen, durch welches die MSZP angesichts der Krise immer mehr unter Druck geriet.

Wesentlicher Hintergrund für diese mitteleuropäischen Entwicklungen und auch für unser eigenes Handeln war die Politik Michail Gorbatschows. Seit 1985 war er Generalsekretär der KPdSU. Er proklamierte ein „Neues Denken" und setzte mit „Glasnost" und „Perestroika" in der Sowjetunion einen Reformprozess in Gang, der uns Hoffnung machte, auch wenn ersichtlich war, dass es ihm darum ging, den Kommunismus zu reformieren, um ihn zu erhalten. Doch war in seinen Reden gleichzeitig spürbar, dass er nicht die Scheuklappen hatte wie die kommunistischen Führer, die wir kannten. Er schien wirklich Probleme lösen zu wollen und ein Verständnis auch für die globalen Herausforderungen zu haben, von der notwendigen Umsteuerung im Sicherheitsbereich angesichts des Wettrüstens wie auch in den ökologischen Fragen. Angesichts der Erfahrungen früherer Jahrzehnte glaubten wir: Ohne Veränderungen in Moskau werden grundlegende Änderungen im Ostblock kaum durchsetzbar sein, und in der DDR schon gar nicht. Die sowjetischen Panzer würden wie 1953 in der DDR, 1956 in Ungarn und 1968 in der ČSSR alles niederwalzen. Doch mit der neuen Politik in Moskau wuchs langsam die Hoffnung, wirkliche Veränderungen erreichen zu können. In Polen und Ungarn war man schon weiter – das ermutigte uns, denn die Fragen, vor denen wir standen, waren im Wesentlichen die gleichen. Für uns in der DDR galt es, endlich die Voraussetzungen dafür zu schaffen, als Opposition politisch handlungsfähig zu werden. Der Beschluss, außerhalb der Kirche nach neuen Organisationsformen zu suchen und schließlich eine sozialdemokratische Partei zu gründen, bedeutete für uns sehr bewusst einen Strategiewechsel. Es klingt auch nachträglich verwegen, doch wir erstrebten einen grundlegenden Kategorienwechsel, eine Überwindung des kommunistischen Systems an. Wir stellten mit der Parteigründung faktisch die Machtfrage und wollten eine parlamentarische Demokratie westlichen Musters erreichen.

Bis dahin hatten wir nicht daran geglaubt, mit unserem Handeln wirklich etwas ändern zu können, Demokratie zu erreichen oder die deutsche Teilung zu überwinden. Es war mehr ein moralisches Handeln, es ging darum, sich morgens noch im Spiegel ansehen zu können, oder, wie Vàclav Havel es formulierte, mitten in diesem Reich der Lüge „in der Wahrheit zu leben“. Wir hatten uns mit dem deutschen Widerstand gegen den Nationalsozialismus beschäftigt, hielten ihn für wichtig, auch wenn er das NS-System nicht zum Stürzen brachte – aber er rettete gewissermaßen die Ehre der Deutschen. Ähnlich verstanden wir uns selbst, in jedem Falle galt es, nicht zu schweigen, sich bei Unrecht zu verweigern und nach Möglichkeiten zu suchen, etwas zu tun!

Martin Gutzeit entstammte wie ich einem evangelischen Pfarrhaus, so wuchsen wir beide in kritischer Distanz zum sozialistischen Staat und seinen Forderungen auf. Schon in der Schule gab es Konflikte, eine höhere Schulbildung wurde uns verweigert. Beide verweigerten wir den militärischen Wehrdienst total, gingen also auch nicht zu den Bausoldaten, entgingen aber auch beide der üblicherweise darauf folgenden Haft von knapp 24 Monaten. Ich wurde nach der 10. Klasse trotz bester Leistungen von der Schule verwiesen und absolvierte seitdem meine Ausbildung ausschließlich an kircheneigenen, vom Staat unabhängigen Einrichtungen. 1974 lernten wir uns am Sprachenkonvikt kennen, einer Theologischen Hochschule der Evangelischen Kirche in Berlin, an der ein von kommunistischen Einflüssen völlig freies Studium möglich war, das dem an westlichen Universitäten in nichts nachstand. Ja, es konnte sogar als privilegiert gelten, da die Studentenzahlen sehr gering waren und so eine intensive Kommunikation zwischen Studierenden und Dozenten üblich war. Es gab hier keine festen Stundenpläne, die Studiengestaltung war sehr flexibel und selbstbestimmt. So waren diese theologischen Hochschulen – es gab noch zwei weitere in Naumburg und Leipzig – Orte sonst in der DDR nicht so leicht erfahrbarer geistiger Freiheit.

Hier studierten wir Theologie und Philosophie, teils in angebotenen Lehrveranstaltungen, teils in eigener Initiative. Wir lasen Plato und Aristoteles, Thomas von Aquin und Nikolaus von Kues, Kant, Fichte und Hegel. Immer stärker beschäftigten wir uns mit rechtsphilosophischen Fragen und setzten uns mit Karl Marx auseinander. In einem privat organisierten Seminar stritten wir uns mit Edelbert Richter, der damals Philosophie in Naumburg lehrte, auf welcher philosophischen Grundlage die Verhältnisse in der DDR klarer kritisiert werden und Perspektiven geschaffen werden können, mit Hegel oder mit (dem frühen) Marx. Uns wurde die klare Unterscheidung von Staat und Gesellschaft wichtig, ebenso die besondere Bedeutung des Rechts; Freiheit war uns nicht nur ein grenzenloses Gefühl, sondern institutionell vermittelte Fähigkeit zur Verantwortung. Auch nach dem Studium setzten wir in verschiedenen Studienkreisen die Auseinandersetzung mit diesen Fragen fort. Wichtig wurde hier zum einen ein Kreis um Michael Theunissen, der in Berlin an der Freien Universität Philosophie lehrte und zu dem wir 1980 Kontakt aufgenommen hatten. Zum anderen trafen wir uns in den 1980er-Jahren auf Einladung von Peter Hilsberg, Stephan Hilsbergs Vater, als Studienkreis „Theologie und Philosophie" beim Bund der Evangelischen Kirchen.

Neben diesen theoretischen Beschäftigungen begannen wir ab 1976 in einer Vierergruppe, in kleinen Schritten auch politisch aktiv zu werden. Wir vervielfältigten politische Texte auf alten Maschinen und brachten sie unter die Leute. Dazu gehörten Vorträge von Rudolf Bahro, die Gedächtnisprotokolle von Jürgen Fuchs u.a. Solche studentischen Gruppen hat es in der DDR immer wieder gegeben. Oft wurden die Beteiligten verhaftet und landeten – jedenfalls in den späteren Jahren – schließlich im Westen. Wir hatten Glück und wurden nicht gefasst.

1980 begann ich meine Tätigkeit als Vikar und 1982 als Pfarrer in einem Mecklenburgischen Dorf an der Müritz. Martin Gutzeit folgte für einige Jahre in die Nachbarschaft, bevor er 1986 in Berlin bei Richard Schröder Assistent für Philosophie wurde. In diesen Jahren entstanden in vielen Teilen der DDR Gruppen, die sich kritisch mit Friedens- und Umweltfragen be-

fassten. Die Themen wurden im Laufe der Jahre immer breiter und grundsätzlicher. Ich gründete 1982 in meinem Dorf in Mecklenburg einen solchen Friedenskreis, zu dem die Beteiligten aus einem größeren Umkreis kamen. Gleichzeitig schufen wir Netzwerke, um die verschiedenen Gruppen miteinander in Kontakt zu bringen und Kooperation zu ermöglichen. Dazu gehörte in Mecklenburg seit 1981 die „Arbeitsgruppe Frieden" und DDR-weit die Delegiertenkonferenz „Frieden konkret", die seit 1983 jährlich im Februar stattfand. Seit 1982 organisierten wir in Mecklenburg Anfang August für eine Woche sogenannte „Mobile Friedensseminare". Bei diesen beschäftigten sich die Beteiligten aus der ganzen DDR und auch aus dem Ausland in Gruppen an verschiedenen Orten des Umkreises seminaristisch mit verschiedenen politischen Themen; am Ende stand dann je eine größere gemeinsame öffentliche Veranstaltung zum Gedenken an die Atombombenabwürfe von Hiroshima und Nagasaki. Mehrfach haben wir für diese Treffen auch programmatische Arbeitshefte erstellt. Durch diese Netzwerke und Seminare lernten sich in der ersten Hälfte der 1980er-Jahre viele Aktivisten der Opposition kennen, eine wesentliche Voraussetzung für die Friedliche Revolution Jahre später. Diese – zumeist kirchlichen – Gruppen suchten in wichtigen gesellschaftlichen Fragen nach Veränderung, forderten sie ein. Die Themen waren breit gestreut, Sicherheitsfragen, Erziehungs- und Bildungskonzepte, Umweltprobleme, Menschen- und Minderheitenrechte sowie globale Entwicklungsstrategien kamen auf die Tagesordnung. Der Einzelne erfuhr sich in diesen Gruppen anders als sonst in diesem kommunistischen Staat als Träger von Verantwortung für das Gemeinwesen, er lernte und erfuhr Solidarität. So wurden diese politischen Gruppen gewissermaßen Schulen der Zivilcourage und Verantwortung.
Oft heißt es, dass diese Gruppen unter dem Dach der Kirche entstanden. Richtiger ist wohl, dass die meisten dieser Gruppen innerhalb der Kirche entstanden, gegründet von politisch engagierten Christen, die gleichzeitig offen waren für die Zusammenarbeit mit anderen. Auch die Netzwerke dieser Grup-

pen hatten bis Ende der 1980er-Jahre ihren Ort innerhalb der Kirche. Aber auch die Gruppen, die ihre Unabhängigkeit von der Kirche betonten, standen mit kirchenleitenden Vertretern in intensivem Kontakt und nutzten sie als Mittler, dazu kam die Nutzung ihrer institutionellen und organisatorischen Möglichkeiten.

Die Kirchen waren in der DDR die einzigen Groß-Organisationen mit eigenen unabhängigen und (was die evangelischen Kirchen betrifft) demokratischen Strukturen. Sie hatten Räumlichkeiten und eine gewisse, wenn auch begrenzte Öffentlichkeit. Wie aus Gutzeits und meiner Biographie deutlich wird, waren auch die eigenen Ausbildungsmöglichkeiten der Kirche wichtig, so dass die Kirchen über ein Personal verfügten, das in den eigenen geistigen Traditionen stand sowie in freier Kommunikation geübt war. So war es kein Wunder, dass vielerorts engagierte Christen, Pastoren und kirchliche Mitarbeiter bei der Gründung der oppositionellen Bewegungen und der Moderation der Runden Tische eine hervorgehobene Rolle spielten.

Die Sowjets hatten den Kirchen in ihrer Besatzungszone mehr Freiheit gelassen als in den anderen Ländern des Ostblock, da sie die „Bekennende Kirche“ in der NS-Zeit als Widerstand anerkannten und deren Vertreter nach 1945 in der evangelischen Kirche die führenden Positionen einnahmen. Das betrifft insbesondere die Jugendarbeit, die zwar immer wieder ein Konfliktfeld mit den Behörden des SED-Staates darstellte, gleichzeitig aber für die gesellschaftliche Bedeutung der Kirchen von großer Relevanz wurde.

In den Kirchen selbst waren die Anfang der 1980er-Jahre entstandenen gesellschaftspolitisch aktiven Gruppen umstritten; dieser Streit ging quer durch alle Ebenen, von den Kirchgemeinden bis zu den Leitungsebenen. Die einen verstanden diese politische Arbeit als eine wichtige Dimension der christlichen Verkündigung, die anderen sahen darin eher eine Überfremdung und Instrumentalisierung der Kirche für politische Zwecke. Die Akzeptanz der politischen Gruppen innerhalb der kirchlichen Strukturen nahm jedoch zu, als 1983 der Ökumenische Rat der Kirchen in Vancouver zu einem „konziliaren Prozess für Gerechtigkeit, Frieden und Bewahrung der Schöpfung“ aufrief – und damit die Themen aufgriff, welche der Schwerpunkt der Arbeit dieser Gruppen waren. Als 1988/89 die Kirchen in der DDR eine „Ökumenische Versammlung für Gerechtigkeit, Frieden und Bewahrung der Schöpfung“ ins Leben riefen, waren daran viele Vertreter dieser Gruppen beteiligt und prägten die Ergebnisse nicht unwesentlich mit. Ich selbst leitete in dieser Versammlung die Arbeitsgruppe zur Entwicklungspolitik und hatte dann auch die Gelegenheit, im Mai 1989 an der Europäischen Ökumenischen Versammlung in Basel teilzunehmen. Die inhaltlichen Ergebnisse der Versammlung in der DDR fanden wenige Monate später an verschiedenen Stellen auch Eingang in die programmatischen Vorstellungen der neuen oppositionellen Bewegungen im Herbst 1989, da eine Reihe ihrer Mitglieder zu ihren Gründern gehörten.

Bis 1987 gab es auch bei vielen in der Opposition die Hoffnung, dass die SED „von der Sowjetunion (unter Gorbatschow) lernen“ würde und ein Reformprozess von oben schrittweise zu Verbesserungen führen könnte. Diese Perspektive löste sich auf, nachdem Honecker nach seinem Besuch in Bonn massiv gegen die Opposition vorging. Der Sturm der Staatssicherheit auf die Umweltbibliothek im November 1987 und die Verhaftungen und Abschiebungen in den Westen Anfang 1988 im Zusammenhang der Luxemburg-Liebknecht-Demonstration stellten eine Zäsur dar. Für Martin Gutzeit und mich, aber wohl auch für manche andere, wurde klar, dass es neue Formen der Opposition brauchte. Die Kirche konnte nicht mehr die Grundlage dieser Aktivitäten sein, da wir – wie oben beschrieben – vor dem Hintergrund der Gorbatschow´ schen Politik mehr und mehr die Hoffnung hatten, dass trotz der festgefahrenen Politik der SED grundsätzliche Veränderungen möglich sind – aber eben auch durchgesetzt werden müssen. Kirche konnte Menschen anregen und begleiten zu freiheitlichem Denken

und Handeln – und das haben wir über Jahre getan, eine programmatische Opposition durfte Kirche jedoch nicht sein.
Gutzeit und ich planten im Frühjahr 1988 zuerst, einen Verein zu gründen. „Bürgerbeteiligung“ wollten wir ihn nennen und er sollte stärkere Verbindlichkeit, eine verabredete Programmatik und eine durch Wahlen geklärte Führungsstruktur gewährleisten. Dann kam uns der normale berufliche Alltag „in die Quere“: Ich wechselte von Mecklenburg in die Nähe von Magdeburg und übernahm die Leitung einer von der Kirche neu gegründeten „ Ökumenischen Bildungs- und Begegnungsstätte“. So sahen Gutzeit und ich uns im 2. Halbjahr 1988 kaum. Doch kamen wir unabhängig voneinander zu der Erkenntnis, dass eine Vereinsgründung nicht sinnvoll sei. Es sollte eine Partei sein. Anfang 1989 beschlossen wir dann (Martin Gutzeit schlug es bei unserem Treffen vor!), eine Sozialdemokratische Partei in der DDR zu gründen.
Warum wollten wir als evangelische Pastoren keine christliche Partei gründen? Auf diese Frage habe ich oft geantwortet: aus theologischen Gründen. Wir wollten jeder politischen Instrumentalisierung des christlichen Glaubens für politische Zwecke wehren. Die Bibel kann schlecht eine konkrete Verkehrs- oder Gesundheitspolitik begründen, aber eben ethische Grundorientierungen geben; keine Partei darf für sich in Anspruch nehmen, mehr als andere christlich zu sein. Allen muss es um die Achtung vor der Würde des Menschen gehen und darum, den Schwachen Partizipation und Integration zu ermöglichen!
Warum nun aber entschieden wir uns, eine sozialdemokratische Partei zu gründen? In meinem programmatischen Vortrag bei der Gründung der Partei am 7. Oktober 1989 habe ich dies folgendermaßen begründet:

1. Wir stellten uns in die Tradition der ältesten demokratischen Partei Deutschlands, durch welche im 19. Jahrhundert die Benachteiligten und Unterdrückten zu Subjekten politischen Handelns wurden. Entsprechend wollten wir

mit dieser Gründung Raum geben, dass aus Untertanen in der DDR Bürger werden, politische Subjekte, die Verantwortung für die eigene Wirklichkeit wahrnehmen.

2. Wir stellten uns mit dieser Parteigründung in einen internationalen Zusammenhang, um globalen Herausforderungen gerecht zu werden und die Provinzialität der kommunistischen DDR zu überwinden. Dafür standen Willy Brandt mit seinem Nord-Süd-Bericht, Olof Palme mit dem Bericht über die gemeinsame Sicherheit sowie Gro Harlem Brundtland mit dem Bericht über nachhaltige Entwicklung.
3. Mit dieser Gründung zogen wir gewissermaßen die sozialdemokratische Hand aus dem Symbol des SED-Parteiabzeichens und entzogen der SED ihre ideologische Legitimation. Dies ging an die Wurzel der Selbstdefinition der SED – und war beabsichtigt. Wir widersprachen dem von der SED beanspruchten Wahrheits- und Machtmonopol und wollten uns der notwendigen Legitimation durch die Bürgerinnen und Bürger stellen.

Mit der Gründung dieser Partei antizipierten wir den Bruch mit dem diktatorischen System der DDR und riefen gleichzeitig dazu auf, sich im Rahmen demokratischer Pluralität politisch selbst zu definieren – und in einem Bündnis demokratischer Initiativen für die Errichtung demokratischer Institutionen und Strukturen zu kämpfen. Anders als manche andere in der Opposition forderten wir nicht nur demokratische Reformen (welche von den Herrschenden zu schaffen seien). Uns ging es darum, die institutionellen Voraussetzungen dafür zu schaffen, mit Rechtstaatlichkeit und Gewaltenteilung die Einhaltung von Menschenrechten sowie demokratische Partizipation zu gewährleisten. Dafür aber war es notwendig, bereit zu sein, selbst politische Verantwortung zu übernehmen.
Während der ersten Hälfte des Jahres 1989 versuchte ich, in Gesprächen mit verschiedenen Mitstreitern in der Opposition für eine Beteiligung an unserem Projekt zu werben. Natürlich konnte das nur verdeckt geschehen, hatte aber auch wenig

Erfolg. Die Meisten wollten keine Parteien und keine Demokratie westlichen Musters, sondern strebten nach einer wie immer gearteten Basisdemokratie. In verschiedenen Anläufen entwarfen Gutzeit und ich einen Aufruf zur Gründung der Partei und stellten ihn am 24. Juli 1989 fertig. Für den Aufruf war uns wichtig, dass er neben einer kurzen Analyse eine klare Richtung für das politische Handeln vorgibt, aber zugleich offen dafür ist und dazu einlädt, auch programmatisch und inhaltlich mitzuwirken. Es durfte nicht schon alles festgelegt sein, wie man es von kommunistischen Parteien kannte, wo das einzelne Mitglied keine Rolle spielte. Wir riefen dazu auf, sich zu diesem Projekt einer Sozialdemokratischen Partei zu bekennen und den Kontakt zu uns aufzunehmen. Je überzeugender der Aufruf sein würde, umso eher konnte verhindert werden, dass sich mehrere sozialdemokratische Parteien gründen, denn wir hatten ja kein Monopol auf ein solches Projekt.

Im Laufe des Sommers erhielten eine Reihe von Freunden in der Opposition Kenntnis von unserem Vorhaben und Aufruf, darunter auch Personen, die selbst später andere Bewegungen gründeten. So kann gesagt werden, dass alle Gruppierungen, die später andere Ansätze der Organisation wählten, sich bewusst von unserer Planung absetzten.

Am 26. August 1989 verlas ich in Berlin im Abschlussplenum eines Seminars zu Menschenrechtsfragen (es war der 200. Jahrestag der Deklaration der Bürger- und Menschenrechte in der Französischen Revolution) unseren Aufruf. Arndt Noack, damals Studentenpfarrer in Greifswald, hatte Gutzeit und mich nach den Entwicklungen des Sommers gedrängt, nicht mehr zu warten und gleichzeitig seine Bereitschaft zur Mitarbeit erklärt. Ibrahim Böhme entschloss sich im letzten Augenblick ebenfalls mitzumachen. So standen schließlich vier Namen und Adressen unter dem Aufruf; die Unterschrift von Hellmut Becker, Schülerpfarrer in Halle, hatten wir weggelassen, da er schon abgereist war und wir ihn nicht fragen konnten, ob er mit der Veröffentlichung einverstanden war.

Am 26. August legten wir den 7. Oktober als Tag der Gründung fest. Im September erweiterten wir unsere kleine Gruppe, um für den Fall unserer Verhaftung sicherzustellen, dass die Gründung trotzdem vollzogen werden kann. Im Laufe des September traten dann auch andere Initiativen der Opposition in die Öffentlichkeit, das „Neue Forum“ und „Demokratie Jetzt“, die sich jeweils als öffentliches Dialogforum für die notwendigen gesellschaftlichen Veränderungen verstanden. In der zweiten Septemberhälfte scheiterte der von Gutzeit und mir gemachte Versuch, die für Anfang Oktober geplante Gründung des „Demokratischen Aufbruch“ zu einem „Bündnis demokratischer Initiativen“ umzufunktionieren. Doch entstand dann am 4. Oktober 1989 die „Kontaktgruppe der Opposition“, in welcher es zu wichtigen Absprachen kam. Von dieser ging dann – auf Initiative der SDP – am 10. November der Vorschlag zur Etablierung eines Runden Tisches aus.
Die noch im Untergrund gegründete Partei stand vor ungeheuren Herausforderungen. Sie musste in einem historischen Prozess konkret und möglichst strategisch handeln und zum anderen im Aufbau von Parteistrukturen ihre Basis für künftiges Handeln sichern. Wichtig war, dass schon zwei Tage nach der Gründung öffentliches Agieren leichter wurde. Nachdem es am Gründungswochenende, am 7. und 8. Oktober, noch in verschiedenen Städten zu gewalttätigen Übergriffen der Sicherheitskräfte und massenweisen Verhaftungen gekommen war, wurde am 9. Oktober bei den großen Demonstrationen, insbesondere in Leipzig, nicht geschossen. Von diesem Tag an waren wir sicher, dass es uns gelingen würde, in der DDR eine Demokratie zu errichten, und es galt, die Voraussetzungen dafür zu schaffen.
Wichtig für den Erfolg der Friedlichen Revolution war beides, das möglichst gemeinsame politische Handeln der demokratischen Opposition sowie die Demonstrationen der Massen, die allein diesem Handeln das notwendige Gewicht geben konnten. Noch nachträglich sehe ich es als einen großen Erfolg an, dass es uns innerhalb von drei Monaten gelang, auf fast dem

gesamten Gebiet der DDR präsent zu sein. Die Delegiertenkonferenz Mitte Januar 1990 legte davon ein eindrucksvolles Zeugnis ab.
In dieser Zeit war dann schon die Hilfe der West-SPD wichtig. Wir hatten vor der Gründung keinen Kontakt zu ihr aufgenommen – diese geschah in völlig eigener Verantwortung. Doch wandten wir uns im Zusammenhang mit der Gründung an Willy Brandt als Vorsitzenden der Sozialistischen Internationale (SI) und stellten den Antrag auf Mitgliedschaft. Willy Brandt reagierte innerhalb kurzer Zeit und schickte uns schwedische Sozialdemokraten zur Kontaktaufnahme. Nach dem Fall der Mauer lud er uns zur Ratssitzung der SI nach Genf ein, wo wir noch im November 1989 einen Status als Beobachter erhielten.
Für den Kontakt zur SPD war der Besuch Steffen Reiches in Bonn wichtig. Dieser war nicht abgesprochen, was uns zunächst ärgerte. Von großer Bedeutung war, dass Hans-Jochen Vogel diesen Besuch zum Anlass nahm, Reiche als Vorstandsmitglied der SDP auch ins SPD-Präsidium einzuladen, was gut zwei Wochen nach der Gründung eine große Anerkennung durch die SPD bedeutete. Wenig später besuchte uns Norbert Gansel, der in diesen Monaten dann für uns zu einem wichtigen Begleiter wurde. Am Tag nach dem Mauerfall gab es ein Treffen mit Willy Brandt und Hans-Jochen Vogel in Ost-Berlin. Dies war der Beginn einer intensiven Zusammenarbeit. Am 17. Dezember 1989 beschloss der SPD-Vorstand in Bonn, dass die SDP die Schwesterpartei in der DDR ist. Auf dem Sonderparteitag der SPD in Berlin im Dezember 1989 konnte ich ein Grußwort für die ostdeutschen Sozialdemokraten sprechen. Es ist gerade Hans-Jochen Vogel hoch anzurechnen, dass die Kooperation mit der SPD so fair und trotz unserer chaotischen Zustände und unseres verwilderten Aussehens auf Augenhöhe geschah (und sich damit eklatant von der späteren Zusammenarbeit der CDU-West mit der Ost-CDU bzw. „Allianz für Deutschland“ unterschied). Von großer Bedeutung waren jedoch dann auch die spontanen Hilfen von SPD-Ortsvereinen

für die neu gegründeten sozialdemokratischen Vereine in allen Regionen der DDR wie auch die Unterstützung der Friedrich-Ebert-Stiftung.

Am 9. November 1989 fiel – für uns alle unvorhergesehen – die Mauer; sie wurde nach dem Missverständnis der Pressekonferenz mit Günter Schabowski regelrecht überrannt. Es wurde nicht geschossen, wie auch in den Wochen zuvor. Damit war alles anders. Bis zum 9. November waren wir noch davon ausgegangen, dass es zuerst gälte, in der DDR eine Demokratie zu errichten. Dass aber zwischen zwei demokratischen deutschen Staaten die Mauer absurd war und sie abgeschafft werden musste, war mehr als deutlich, doch den damit verbundenen Fragen wollten wir uns später widmen. Das ging nun nicht mehr. Mit dem Fall der Mauer stand in Ost und West, in Deutschland wie weit darüber hinaus, die Frage der deutschen Einheit auf der Tagesordnung. Am 3. Dezember 1989 verabschiedete der Vorstand der SDP eine Erklärung, in welcher er sich zur Einheit bekennt, zugleich aber deutlich macht, dass diese von beiden deutschen Staaten gestaltet werden muss, und zwar so, dass niemand sie befürchten muss, weder die sozial Schwachen noch die europäischen Nachbarn. Noch klarer war dann am 14. Januar 1990 der Beschluss der Delegiertenkonferenz, bei der auch das Kürzel der Partei in „SPD“ geändert wurde. Damit war das Programm vorgegeben: Ziel war die staatliche deutsche Einheit, aber als eine verhandelte. Um aber legitimierte Verhandlungspartner für die DDR zu erhalten, brauchten wir demokratische Wahlen. Insofern blieb die Errichtung einer Demokratie der Zeit nach prioritär, nur so konnte ein geeintes Deutschland erreicht werden.

Der seit Dezember 1989 arbeitende Runde Tisch hatte die Aufgabe, die Bedingungen für freie Wahlen auszuhandeln, auf dem Weg dahin die Regierung zu kontrollieren und die Auflösung der Staatssicherheit durchzusetzen. Die dann demokratisch gewählte Regierung stand vor der Herausforderung, in Verhandlungen mit der Bundesrepublik die deutsche Einheit

herzustellen. Ursprünglich wollten wir dafür den Weg über Art. 146 GG gehen, doch mit dem Wahlergebnis vom 18. März 1990 war klar, dass die Vereinigung über den Art. 23 GG als Beitritt erfolgen würde. Die Alternative hatten wir im engeren Kreis während unseres Leipziger Parteitages im Februar 1990 diskutiert. Danach wurde jedoch zunehmend deutlich, dass die große Mehrheit der ostdeutschen Bevölkerung den anderen Weg vorzog. Es war der einfachere und schnellere Weg. In den folgenden Koalitionsverhandlungen mit der Ost-CDU setzten wir durch, dass ausdrücklich festgehalten wird, dass der Beitritt erst nach Vertragsverhandlungen erfolgt, in welchem die Bedingungen der Einheit beschrieben sind. Es war uns klar, dass im Interesse der Ostdeutschen solche Verhandlungen nötig sind, denn es würde nicht einfach sein, so unterschiedliche Rechtssysteme und Gesellschaftsstrukturen zusammenzuführen. Viele Ostdeutsche haben damals die Bedeutung solcher Verhandlungen unterschätzt und glaubten mancherlei Versprechen, dass „Einheit sofort" auch „Wohlstand sofort" bedeuten würde, ohne sich um die Bedingungen zu kümmern.
Es kann hier keine Darstellung über den Weg zur Einheit und die differenzierten Positionen der SPD dazu erfolgen. Für uns als Ost-SPD war der Kontakt mit der West-SPD einerseits wichtig, angesichts der großen Differenzen innerhalb der SPD und der Positionierung des Kanzlerkandidaten Oskar Lafontaine aber auch ein zunehmendes Problem. Der Prozess der deutschen Einheit war 1990 damit belastet, dass es gleichzeitig das Jahr der Bundestagswahl war. Helmut Kohl sah – mit Recht, wie sich zeigte – darin die Chance, die Wahl doch noch zu gewinnen und lehnte Anfang 1990 das Angebot Hans-Jochen Vogels ab, diesen Prozess in einer gemeinsamen nationalen Anstrengung zu bewältigen. So war für Kohl der Einigungsprozess auch eine große Wahlkampagne. Sein Verhalten etwa in der Grenzfrage mit Polen machte dies allzu deutlich. Doch auch für Oskar Lafontaine stand die Wahl im Vordergrund. Er beschwor uns als Ost-SPD Ende August 1990, den Einigungs-

vertrag abzulehnen, weil er sich davon (fälschlicherweise) Vorteile bei der Wahl versprach, was wir natürlich ablehnten. Diese Gemengelage machte es uns manchmal ziemlich schwer, den eigenen Kurs zu halten.
Insgesamt lässt sich auch im Nachhinein sagen, dass die ostdeutsche Sozialdemokratie in diesem für Deutschland so wichtigen Jahr Entscheidendes geleistet hat. Sie war in der Friedlichen Revolution eine wesentliche und prägende Kraft und hat den Weg zur deutschen Einheit verantwortlich mitgestaltet. Dass wir als Deutsche es fünfzig Jahre nach dem Überfall auf Polen und all den Schrecken, die wir über ganz Europa gebracht haben, erleben durften, in Freiheit wieder vereint zu sein, in Anerkennung aller unserer Nachbarn, kann ich auch heute nur als Glück und Geschenk ansehen. Dass dies einmal möglich sein würde, daran habe ich noch kurze Zeit zuvor nicht zu glauben gewagt; dafür, dass wir daran mitwirken konnten, bin ich dankbar. Die ostdeutsche Sozialdemokratie hat hier an deutscher Geschichte auf dem Weg zu Freiheit und Einheit wesentlich mitgewirkt und damit der seit 20 Jahren wieder vereinten deutschen Sozialdemokratie ein wesentliches Erbe mitgegeben.

# Konrad Elmer-Herzig

Auf der Suche nach den Anfängen[1] für meine spätere Motivation, dem Aufruf zur Gründung einer Sozialdemokratischen Partei in Ostdeutschland mit Begeisterung zu folgen, fällt mir zuerst mein Vater ein, der immer, wenn wir zum Abendbrot beieinander saßen, die Hamburger Nachrichten hörte. Und wehe, das leise Tischgespräch verhinderte, dass er diese nicht verstehen konnte. Auf meine kindlich-naive Frage, warum das denn so wichtig sei, erhielt ich die Antwort: „Vielleicht bricht ja plötzlich der Frieden aus, und wir wissen es nicht einmal." Mein Vater befand sich Anfang der 1960er-Jahre also immer noch im geistigen Kriegszustand, der für ihn erst mit dem Abschuss der 2 plus 4-Verhandlungen 1990 endete.

Außer meinem Elternhaus beeinflussten mich zwei vernünftige Lehrer, eine Katechetin und ein philosophisch interessierter Pfarrer. Mein verstärktes politisches Interesse erwachte1968 mit Beginn des Prager Frühlings. Allabendlich wurde Radio Prag gehört und bald startete eine Tramptour durch die Tschechoslowakei, um diesen begeisternden demokratischen Aufbruch hautnah zu erleben. Ein Jahr zuvor hatte ich in Halle/Saale mit einem Biologiestudium begonnen. Man fand mich jedoch vor allem in der Theologischen Fakultät bei Vorlesungen zur philosophischen Propädeutik oder als engagiertes Mitglied in der Evangelischen Studentengemeinde (ESG), um bald gänzlich zum Studium der Theologie zu wechseln. Mit meinem Studienfreund Oskar Schmidt las ich Carl Friedrich von Weizsäckers „Geschichte der Natur". Und wenn dieser im Rahmen der Leopoldina in Halle weilte und zum Abend in der ESG referierte, wurde auch dem Letzten klar, dass die DDR mit ihrer geistigen Enge auf Dauer keinen Bestand haben würde. Nach der Zerschlagung unserer politischen Hoffnung wartete ich auf einen „Prager Frühling" in Moskau. Dann endlich könnte die Demokratisierung des Sozialismus vielleicht doch noch gelingen.

Während meiner Zeit als Studentenpfarrer der ESG von Ost-Berlin, 1982 bis Sommer 1989, stiegen mit den Reformen Gorbatschows unsere diesbezüglichen Erwartungen. Im September 1987 organisierten wir im Rahmen des Olof Palme Friedensmarsches zum ersten Mal eine widerständige Demonstration. Wir hatten sie getarnt als Friedensprozession von der Zions- zur Eliaskirche. Meine Studenten trugen Plakate mit Aufschriften wie: „Frieden ohne Grenzen“, „Schwerter zu Pflugscharen“, „Für einen Zivilen Ersatzdienst“ und ähnliches. Als wir damals mit brennenden Kerzen auf der Schönhauser Allee sangen: „Die Gedanken sind frei...“, dachte ich bei mir: Wenn es jetzt gelänge den Demonstrationszug zum Alexanderplatz zu lenken und sich die Bevölkerung anschließen würde, dann könnte die Revolution beginnen.
Intensive politische Diskussionen wurden im Freundeskreis um Jens Reich und im Philosophiekreis meiner Studentengemeinde geführt. Dort war Richard Schröder häufiger Gast und brachte Texte von Robert Spaemann und Hannah Arendt mit. Im Februar 1989 gab es bei Pfarrer Hofmeister in Hohenschönhausen (Ost-Berlin) eine konspirative Diskussionsrunde mit Eckhardt Barthel aus West-Berlin und weiteren Schöneberger SPD-Leuten. Beim hektischen Auseinandergehen – die West-Berliner mussten bekanntlich bis Mitternacht die DDR wieder verlassen – äußerte ich das erste Mal: „Wir müssen eine Partei gründen.“[2] Dass es sich dabei um eine sozialdemokratische handeln würde, lag nicht nur wegen der Gesprächspartner nahe. Schon immer sympathisierte ich mit der Partei Willy Brandts, dessen neue Ostpolitik wir begrüßten. Auch hatte sich mein Vater nach dem Krieg in der SPD engagiert, bis er wenige Jahre später aus der SED geworfen wurde. Sein Vergehen bestand darin, dass er als Forstmeister um einer nachhaltigen Forstwirtschaft willen gegen die die Waldverjüngung ruinierende Waldweide der Einwohner mit ihren Ziegen und Schafen opponierte. Das wurde als unproletarisches Verhalten ausgelegt und kostete ihn die bereits in Aussicht gestellte Forstprofessur. 1961 wurden wir im Zusammenhang

des Mauerbaus aus dem Grenzgebiet im Südharz zwangsumgesiedelt, nachdem mein Vater als Naturschutzbeauftragter es gewagt hatte, an den zuständigen General der Grenztruppen zu schreiben, ob es nicht möglich sei, einen nur halb so breiten Grenzstreifen in die besonders naturgeschützten Wälder zu schlagen. Solche familiären Erfahrungen haben mich nachhaltig DDR-staatskritisch geprägt. Auch beeinflusste mich das ökologische Engagement meines Vaters, der im Alter darauf hinweisen konnte, dass jeder dritte Baum im Nordhäuser Südharz nur deshalb noch steht, weil es ihm gelungen war, diesen herrlichen Wald als Naturschutzgebiet einzustufen, ein Status, der mit der Deutschen Einheit den Lobbyisten der Kalkindustrie zum Opfer fiel.

Mit großem Interesse las ich 1988 Hannah Arendts Buch „Über die Revolution". Mich beeindruckte ihre Leidenschaft für politische Freiheit und das Glück im Öffentlichen, dass nämlich „keiner ‚glücklich' genannt werden kann, der nicht an öffentlichen Angelegenheiten teilnimmt, dass niemand frei ist, der nicht aus Erfahrung weiß, was öffentliche Freiheit ist, und dass niemand frei oder glücklich ist, der keine Macht hat, nämlich keinen Anteil an öffentlicher Macht."[3] Erst in der gemeinsamen Vergewisserung über das, was ist, so Arendt, gestaltet sich für uns die Wirklichkeit und das, was wir politisch wollen. Daher brauchen wir das Gespräch in überschaubaren diskussionsfähigen Gruppen. Mit anderen Worten, wir brauchen eine Staatsform, die an ihrer Basis aus lauter Runden Tischen besteht. Diese werden durch übergeordnete, gewissermaßen darüber gestellte Tische, an denen die Delegierten frei und ohne imperatives Mandat die Vorschläge der unteren Ebene beraten, zusammengefasst. Das geht so weiter bis zum obersten Runden Tisch, dem „Bundesrat". Eine derartige repräsentative Basisdemokratie ermöglicht es allen Beteiligten, das Glück der freien politischen Betätigung im öffentlichen Raum zu finden, statt, um mit Biermann zu reden, „wie Vieh regiert" zu werden. Außerdem lernte ich von Arendt, dass es möglich sei, neue Anfänge zu setzen, ohne sich rückzuversichern. Warum

also kein neuer Anfang jetzt, ohne externe Legitimation, wie sie sich das Neue Forum damals noch von einer ordentlichen Anerkennung durch die DDR-Staatsmacht erhoffte.
In dieser Stimmungslage zeigte mir Propst Furian im Evangelischen Konsistorium am 29. August 1989 mit skeptischem Kommentar den „Aufruf zur Bildung einer Initiativgruppe, mit dem Ziel eine sozialdemokratische Partei in der DDR ins Leben zu rufen".[4] Ich erbat mir eine Kopie und überlegte, ob ich von meiner politischen Idealvorstellung einer repräsentativen Basisdemokratie Abstand nehmen sollte. Mir wurde klar, dass, selbst wenn uns diese in Ostdeutschland gelingen würde, wir als der kleinere Teil Deutschlands dies bei einer späteren Vereinigung mit Westdeutschland nicht gegen die dort etablierte Parteiendemokratie würden durchsetzen können. Und so griff ich zum Hörer, um meinem Greifswalder Studentenpfarrer-Kollegen Arndt Noack, der den Anruf unterzeichnet hatte, meine Hilfe zur Parteigründung anzubieten.[5]
Mit unserer sozialdemokratischen Gründung von damals verbinde ich bis heute vor allem folgende sechs Themenfelder, die mich immer noch beschäftigen:
**Stärkung des Sozialstaates als Basis der Freiheit** – Freiheit ist nicht ohne eine ausreichende materielle Basis des Einzelnen möglich. Außerdem muss die Macht des Geldes vom Bereich des Politischen möglichst fern gehalten werden. Unserer früheren politischen Hoffnung einer Demokratisierung des Sozialismus entsprechend – auf die viele heute nicht mehr angesprochen werden möchten – wollten wir den Kommunisten beweisen, dass ein gerechtes und soziales Miteinander richtig erst in der Marktwirtschaft gedeihen kann, vorausgesetzt der Kapitalismus wird durch einen Staat, der stärker ist, in die richtigen Bahnen gelenkt. Dazu müssen die Abgeordneten in den Parlamenten und die Regierenden unabhängig und mindestens so mächtig sein wie die Kapitalseigner und deren Lobbyisten.
Deshalb ist in unserem Statut folgendes zu lesen:
„§ 8 Aller Monopolisierung und Zentralisierung in Staat und Gesellschaft ist entgegenzutreten, wenn sie die sozialen und

politischen Rechte der Bürger beeinträchtigt. Für die Wirtschaft, besonders auch im Hinblick auf den staatlichen Sektor, bedeutet dies, bei unvermeidbaren Monopolen eine demokratische Kontrolle sowie Überprüfung der ökonomischen Effizienz und Umweltverträglichkeit zu sichern.
§ 9 Es wird eine ökologisch orientierte soziale Marktwirtschaft mit gemischter Wirtschaftsstruktur und unterschiedlichen Eigentumsformen angestrebt. Zielbestimmungen sind:
a) Undemokratische und unsoziale Auswirkungen und Konzentration wirtschaftlicher Macht sind zu verhindern.
b) Die natürliche Umwelt ist durch das Einbeziehen der ökologischen Kosten in das Marktgeschehen zu bewahren.
c) Diejenigen, welche die Werte schaffen, sind an den Entscheidungen auf verschiedenen Ebenen (Mitbestimmung), dem Produktivvermögen (Miteigentum) und den Gewinnen zu beteiligen."[6]
Europa ist geprägt von der Tradition christlicher Nächstenliebe. Diese ist nicht nur auf individueller sondern auch auf überindividueller Ebene tätig, damit von ihr nicht nur jene Menschen erreicht werden, die sich im Wahrnehmungshorizont solidarisch gesinnter Wohlhabender befinden. Aus Gründen der Gerechtigkeit sind alle Bedürftigen gleichermaßen zu versorgen und alle Wohlhabenden im Rahmen einer angemessenen Steuergesetzgebung zur Solidarität zu verpflichten. Nach der Vereinigung haben wir in der Gemeinsamen Verfassungskommission von Bundestag und Bundesrat (GVK) dazu folgendes Staatsziel zur Abstimmung gebracht: *„Der Staat gewährleistet ein System der sozialen Sicherung."* Natürlich gehen bestimmte Aspekte der Nächstenliebe über das Pekuniäre hinaus. Diese kann der Staat von Rechts wegen nicht verordnen sondern lediglich begünstigen. Zum Beispiel indem er Vereine und Institutionen fördert, die der Mitmenschlichkeit dienen. Damit er dazu auch in Zeiten klammer Kassen verpflichtet ist, habe ich damals mit Hilfe meiner Bonner Mitarbeiter Erika Rauschenbusch und Stefan Grönebaum folgenden Antrag in Gestalt eines verfassungsethischen Impulses als Art. 2a des

GG in die GVK eingebracht: *„Jeder ist zu Mitmenschlichkeit und Gemeinsinn aufgerufen“*[7].

Damit wollte ich, was den ersten Begriff betrifft, zugleich ein erfreuliches Nebenprodukt der unerfreulichen DDR-Epoche in das gemeinsame Deutschland hinüberretten.[8] Der Antrag scheiterte zwar am Widerstand der CDU-Führung, obwohl mich nicht nur die Mehrheit der Parlamentarier, sondern auch der die CDU beratende konservative Verfassungsrechtler Isensee unterstützte[9]. Erfreulicherweise hat unser Anliegen jedoch Eingang in die Präambel der Charta der Europäischen Grundrechte gefunden: *„Die Ausübung dieser Rechte ist mit Verantwortung und Pflichten sowohl gegenüber den Mitmenschen als auch gegenüber der menschlichen Gemeinschaft und den künftigen Generationen verbunden.“*[10] Und so hoffe ich, eines Tages auch im Grundgesetz unseren Präambelvorschlag lesen zu können: „Im Bewusstsein seiner Verantwortung vor Gott und den Menschen, *auf Mitmenschlichkeit und Gemeinsinn aller vertrauend.* ... hat sich das Deutsche Volk diese Verfassung gegeben.“[11]

**Gleiche Bildungschancen für alle** – Die neuzeitliche Wissenschaft macht überdeutlich, wie sehr wir durch das geprägt sind, was in Kindheit und Jugend auf uns einwirkte. Darum ist Freiheit ohne umfassende Bildung nicht wirklich gesichert. Und so lautet ein weiteres von uns damals gefordertes Verfassungsziel: *„Der Staat schützt und fördert den Zugang eines jeden Menschen zur Bildung.“*[12]

Bereits in der Volkskammer habe ich mich als Vorsitzender des Bildungsausschusses mit meinem Referenten Jochen Schweitzer im Gegensatz zum damaligen DDR-Bildungsminister Hans-Joachim Meyer für die Gesamtschule und gegen das dreigliedrige Schulsystem eingesetzt. Noch vor der Vereinigung gründeten wir in Ost-Berlin und später in allen neu entstehenden Ländern die Arbeitsgemeinschaft für Bildung, AfB, um den diesbezüglich Engagierten eine politische Heimat zu geben. Wie PISA belegt, bleibt hier noch viel zu tun. Auch müsste die Rahmenkompetenz in Bildungsfragen der Bundesebene zugeordnet werden, um die Vergleichbarkeit der Abschlüsse und eine größere Mobilität der Familien abzusichern.

**Repräsentative Basisdemokratie** – Das Elend zentralistischer Machtstrukturen haben wir in der kommunistischen Diktatur lange genug erlebt. Wie sehr Menschen durch solche Strukturen geprägt werden, konnte jeder im Prozess der Einigung erleben. Es waren 1945 die gleichen Deutschen in West und Ost, mit denselben kulturellen Prägungen, die einem 40-jährigen „Sozialexperiment" ausgesetzt wurden, bei dem die einen in freiheitlichen die anderen in totalitären Strukturen leben mussten, die ihnen andere verordnet hatten. Am Ende konnte jeder sehen, wie bei den gleichen Deutschen sich durch unterschiedliche Struktur auch unterschiedliche Eigenschaften ausgeprägt hatten. Umso dringlicher stellt sich die Frage, welche politischen Strukturen der Freiheit am dienlichsten sind. Und da bin ich mit Hanna Arendt der Meinung, dass wir mit unserer derzeitigen parlamentarischen Parteiendemokratie noch lange nicht am Ziel bestmöglicher Begünstigung von Freiheit und Partizipation angekommen sind. Deshalb wollte ich zunächst die innerparteiliche Demokratie verbessern, ein Versuch, dessen Vermächtnis noch heute in § 8 (1) des Statuts der Bundes-SPD zu lesen ist: Es „vollzieht sich die politische Willensbildung der Partei *von unten nach oben.*"[13] Mit dem Zusatz „Repräsentative" grenze ich mich von Vorstellungen der reinen Basisdemokratie ab, bei der in großen Vollversammlungen, oder, wie derzeit von Norbert Lammert, favorisiert, durch Internetforen wesentliche Meinungsbildung betrieben und Entscheidungen herbeigeführt werden. Stattdessen favorisiere ich die überschaubaren, gesprächsfähigen Gruppen, die sich miteinander durch darüber gelagerte Räte vernetzen und auf diese Weise eine qualifizierte Meinungsbildung und Entscheidungsfindung ermöglichen.[14] Als Initialzündung mag eine Internetdiskussion behilflich sein. Dann aber müssen die ernsthaft Interessierten sich vor Ort zu einer konkreten politischen Gruppe zusammenfindet, um nach der Entscheidungsfindung zwei für

die Vertretung des Ergebnisses geeignete Delegierte für die nächsthöhere Ebene auszuwählen.
Bis es zu einer derart qualifizierten politischen Struktur kommt, sind alle Formen direkter Demokratie zu begrüßen, auch wenn die Meinungsbildung dort stärker von Stimmungen beeinflusst und leichter manipulierbar ist. Übrigens hoffe ich weiterhin, dass bald eine mutige SPD-geführte Mehrheit im Bundestag unter Berufung auf den bisher nicht eingelösten Art. 146 GG eine Verfassunggebende Versammlung einberuft, die neben den erwähnten Staatszielen die Möglichkeit von Volksinitiative, Volksbegehren und Volksentscheid auf Bundesebene (über die bisherige Möglichkeit des Art. 22 GG hinaus) in die durch Volksentscheid zu beschließende neue Verfassung schreibt.
**Europa und die UNO stärken unter Beachtung der Subsidiarität** – Wir wollten damals die Einheit Deutschlands im europäischen Kontext voranbringen. Und so liegt mir bis heute die Stärkung und weitere Demokratisierung der politischen Strukturen Europas am Herzen. Dieser Hoffnung entsprechend, werbe ich auch heute noch für die Aufnahme aller osteuropäischen Staaten, sofern sie es wünschen. Entscheidend für ein gutes Funktionieren großer politischer Zusammenschlüsse ist die Beachtung des Prinzips der Subsidiarität. Dieses bedeutet, dass alle Entscheidungen auf der tiefsmöglichen Ebene, auf der sie noch sinnvoll entscheidbar sind, getroffen werden. Gleichzeitig muss idealtypisch betrachtet aber auch eine Weltregierungsebene installiert werden, bzw. gilt es, die UNO dahingehend zu stärken und auszubauen. Nur darf diese höchste politische Ebene eben keine Entscheidungsbefugnisse für Problemfelder bekommen, die auch auf niedrigerer Ebene zu lösen sind. Das eigentliche Problem bezieht sich also nicht auf die Frage zentralistischer Staat oder Basisdemokratie, sondern betrifft das Finden der angemessenen Ebene für jeden einzelnen Entscheidungsgegenstand.
**Gleiche Lebenschancen für künftige Generationen** – Auf der einen Seite versuche ich entsprechend dem „Konziliaren Pro-

zess für Gerechtigkeit, Frieden und die Bewahrung der Schöpfung" die Verantwortung meiner Kirche für die Eine Welt zu verstärken. Auf der anderen Seite ist es ein Trauerspiel, wie es zum Beispiel der Autolobby immer wieder gelingt, unsere Regierung, wie unlängst bei der Abgasnorm, in Brüssel zu ihren Gunsten intervenieren zu lassen. Da ist es ein Fortschritt, dass nach den neuen politischen Strukturen des Vertrages von Lissabon in Zukunft auch Deutschland bisweilen von den anderen Europäern überstimmt werden kann. Wieder zeigt sich die heilsame Wirkung des Subsidiaritätsprinzips, dass nämlich viele Umweltstandards sinnvoll nur auf höherer Ebene als der nationalen entscheidbar sind. Letztlich müssten bei grundsätzlichen Fragen der Umweltpolitik alle Staaten ihre diesbezügliche Souveränität an eine UNO-Weltregierung abtreten, was freilich noch etwas dauern dürfte. Zur Zeit habe ich die vielen folgenlosen Umweltdiskussionen satt und organisiere lieber ein paar konkrete Umweltprojekte. Diese werden finanziert aus einem Ökofonds, den mir die Potsdamer Stadtwerke füllen, nachdem sie der dezente Hinweis erreichte, dass sämtliche Kirchgemeinden andernfalls zu einem Ökostromanbieter wechseln könnten.

**Arbeitsverbrauchssteuer zur Beschleunigung von Arbeitszeitverkürzung** – Da die Selbstachtung des Menschen in unserer Leistungsgesellschaft massiv unter Arbeitslosigkeit leidet, hatten wir in der Verfassungskommission folgendes Staatsziel eingebracht: *„Der Staat trägt zur Schaffung und Erhaltung von Arbeitsplätzen bei. Er sichert im Rahmen des gesamtwirtschaftlichen Gleichgewichts einen hohen Beschäftigungsstand."*[15] Angesichts der fortschreitenden Technisierung fast aller Arbeitsbereiche und der Globalisierung wird Vollbeschäftigung mit den bisherigen Mitteln kaum noch zu erreichen sein. Statt uns über eine Verlängerung der Lebensarbeitszeit zu streiten, müssen wir in Zukunft vielmehr für eine gerechtere Verteilung der immer weniger werdenden bezahlbaren Arbeit sorgen. Deshalb mein Vorschlag: Die Tarifpartner verpflichten sich, in jenen Bereichen, in denen die Arbeitslosigkeit über 5 Prozent liegt, und

genügend entsprechend qualifizierte Arbeitslose vor der Tür stehen, bei den Tarifverhandlungen nur noch über die Höhe der Arbeitszeitverkürzung zu verhandeln. Auf diese Weise würden die Gewerkschaften nicht nur die Interessen der Arbeitsplatzbesitzer sondern auch die der Arbeitslosen vertreten. Außerdem müsste in die Steuertabelle ein zu besteuernder Faktor Arbeitsverbrauch eingearbeitet werden, so dass zum Beispiel ein hundertprozentig Angestellter mehr als bisher und ein achtzigprozentig Angestellter weniger als bisher besteuert wird. Dann würde mancher, statt auf einem Vollzeitjob zu bestehen, lieber einen prozentual etwas darunter liegenden Teilzeitjob annehmen, wodurch insgesamt mehr Menschen in Arbeit kämen. Gleichzeitig müssten die entsprechenden Abgaben der Betriebe so gestaffelt werden, dass es sich für sie finanziell lohnt, mehr Teilzeitarbeitsplätze anzubieten.
**Nachwirkungen und Lerneffekte** – Auf die Frage, was wir 1989 hätten besser machen können, fällt mir natürlich das Problem des zeitweilig generellen Aufnahmestops für SED-Mitglieder ein, der in den geringen Mitgliederzahlen unserer Landesverbände nachwirkt und den ostdeutschen Einfluss auf die Bundes-SPD schmälert. Es hätte m. E. genügt, ihnen für die Übergangszeit das passive Wahlrecht für höhere Ämter zu verwehren. Lediglich für den Fall, dass sie in einer Basisgruppe bald die Mehrheit bilden würden, hätte man dort auf weitere Aufnahmen verzichten sollen. Es gab durchaus vernünftige SED-Leute, die sich schon seit Jahren innerlich von ihrer unbelehrbaren Führungsriege verabschiedet hatten und auf der Suche nach einer anderen politischen Heimat waren.
Mir selber werfe ich vor, nach der Gründung mich nicht sofort mit ganzer Kraft dem Aufbau der SDP gewidmet zu haben. Eigentlich hätte ich damals meinen Beruf aufgeben, mit dem Trabi in meine Heimat nach Thüringen fahren und jeden Abend in einer anderen Stadt die SDP gründen sollen. Denn wer zuerst kam, zu dem kamen die politisch Interessierten. Ich aber ging davon aus, dass ich auch weiterhin meine Familie zu ernähren hätte und deshalb die gerade angetretene

Dozentur wenigstens einigermaßen mit Vorlesungen ausfüllen muss, die in zeitraubender Arbeit erst noch zu erstellen waren. Hier habe ich damals im Unterschied zur Gründungsphase zu wenig riskiert.

Des Weiteren hat mich die Erfahrung gelehrt: Willst du in den real existierenden politischen Strukturen etwas bewirken, ist es leider wichtiger, deine Energie in Netzwerke zum Machterhalt und Machtausbau zu investieren, als in Sacharbeit.[16] Auch musste ich lernen, nur mit den realen Mehrheiten und Eigeninteressen der politisch Agierenden zu rechnen. Es war blauäugig zu meinen, andere würden die uns gerechterweise zustehende Chancengleichheit berücksichtigen. Möglicherweise hat auch Richard Schröder Ähnliches gedacht, als er unsere diversen Bedenken vor dem Beitrittsbeschluss der Volkskammer mit dem Satz beiseite schob: „Wir fallen doch nicht unter die Räuber." Helmut Kohl und die Seinen haben sich jedenfalls nicht gescheut, das Versprechen, sehr bald nach der Einheit eine offene Verfassungsdiskussion zu führen, zu einer Farce verkommen zu lassen. Auch war es blauäugig innerhalb der SPD zu hoffen, dass die West-Berliner Parteitagsdelegierten den Ost-Berliner Bundestagsabgeordneten ein paar sichere Listenplätze abgeben würden. Sie haben mit ihrer überwältigenden Mehrheit ihre eigenen Kandidaten platziert und sich nicht gescheut, Ost-Berlin, vom Bundestagspräsidenten Wolfgang Thierse einmal abgesehen, leer ausgehen zu lassen. Wir hätten also in den Fusionsverhandlungen einen Wahlmodus durchsetzen müssen, bei dem Ost-Berlin bestimmte Listenplätze zugeteilt bekommt, die wir dann aus unserer Mitte heraus selber besetzen können. Auch wäre es besser gewesen, den Einigungsprozess den gesamtdeutschen demokratischen Mehrheiten zu überlassen, statt unter der Überschrift „Minderheitenschutz" bei allen Ostdeutschland betreffenden Fragen ein Vetorecht der neuen Länder vorzusehen.

Aber blicken wir lieber nach vorn und beantworten die Frage, ob es sich unter den Bedingungen der Postdemokratie[17] überhaupt noch lohnt, politisch tätig zu sein? Mir jedenfalls ist die

Überzeugung geblieben, dass so, wie sich keine der europäischen Diktaturen auf Dauer halten konnte, auch die heutigen politischen Strukturen und Verhältnisse verändert werden können, und dass ein mutiger Aufbruch zur richtigen Zeit sich immer noch lohnt, sofern der Anfang gut bedacht ist, denn auf den Anfang kommt es an!

## Anmerkungen

1 Vgl. meine Erinnerungen, http://www.mein-herbst-89.de/erlebnisberichte/berlin/berlin/247-konrad-elmer-herzig-berlin.html u. Auf den Anfang kommt es an: Sozialdemokratischer Neubeginn in der DDR 1989, Interviews und Analysen, Hrsg. Wolfgang Herzberg; Patrick von zur Mühlen, Bonn: Dietz 1993

2 Interview von Horst Uebelgünn mit Renate Hofmeister. In: 20 Jahre SPD, Wiedergründung der SPD in Lichtenberg und Hohenschönhausen, Hrsg. SPD Lichtenberg, Berlin 2009, S. 16

3 Hannah Arendt, Über die Revolution, Serie Pieper 1974, S. 162ff und S. 319ff

4 http://www.ddr89.de/ddr89/sdp/SDP5.html

5 Alles Weitere zum Gründungsverlauf s. Anm. 1

6 Statut der SDP v. 7. 10. 1989, http://www.ddr89.de/ddr89/sdp/SDP23.html

7 Dt. Bundestag, Drucksache 12/6708, http://dip21.bundestag.de/dip21/btd/12/067/1206708.pdf

8 Mitmenschlichkeit und Gemeinsinn, in: Erich Fischer/Werner Künzel (Hrsg.), Verfassungsdiskussion und Verfassungsgebung 1990-1994 in Deutschland, 3 Bd., Schkeuditz 2005, Bd.1, S.105-124, http://www.elmer-herzig.de/?p=15

9 Josef Isensee, Mit blauem Auge davongekommen – das Grundgesetz, Neue Juristische Wochenschrift, 1993, H. 40, S. 2587: „Von all den zahlreichen Änderungsanträgen, die gescheitert sind, ist es um einen schade, einen neuen Art. 2a GG, der Unterstützung quer durch alle Fraktionen erfahren hat: ‚Jeder ist zu Mitmenschlichkeit und Gemeinsinn aufgerufen'…"

10 Charta der Grundrechte der Europäischen Union, Abl. der Europäischen Gemeinschaft v. 18.12.2000, S. 364/8, http://www.europarl.europa.eu/charter/pdf/text_de.pdf

11 Vgl. meinen diesbezüglichen Brief vom 9.11.2009 an die derzeitige Bundeskanzlerin, http://www.elmer-herzig.de

12 Dt. Bundestag Drucksache 12/6000, S. 77; http://dip21.bundestag.de/dip21/btd/12/060/1206000.pdf

13 Vgl. Konrad Elmer, Vor- und Wirkungsgeschichte des Organisationsstatuts der SDP. In: Von der Bürgerbewegung zur Partei. Die Gründung der Sozialdemokratie in der DDR. Diskussionsforum im Berliner Reichstag am 7. Oktober 1992. Hrsg. Dieter Dowe, Forschungsinstitut der Friedrich-Ebert-Stiftung. Gesprächskreis Geschichte, H. 3, Bonn 1993, http://www.fes.de/fulltext/historiker/00151003.htm.

14 Vgl. Konrad Elmer, Innerparteiliche Rätedemokratie – Zwischen Basis-Ideologie und Kanzlerwahlverein. Unerledigte Anfragen aus dem Statut der SDP. In: Vorwärts, rückwärts, seitwärts. ... Hrsg. P. v. Oertzen, SPW-Vlg. 1991, http://www.elmer-herzig.de/?p=82

15 Dt. Bundestag, Drucksache 12/6000, S. 76, http://dip21.bundestag.de/dip21/btd/12/060/1206000.pdf

16 vgl. 4 Thesen zur Erinnerung an den 4.11.1989, http://www.elmer-herzig.de/?p=99

17 Colin Crouch, Postdemokratie, Frankfurt/Main 2008

# Sabine Heideler

***Reden Sie nicht darüber***

*Reden Sie nicht darüber.*
*Seien Sie still.*

*Niemand will wissen, warum Sie heute Herzklopfen haben,*
*wenn Sie vor Menschen sprechen wollen.*

*Reden Sie nicht darüber.*
*Seien Sie still.*

*Niemand will wissen, wie es war, ein Kind zu sein, das Angst hatte,*
*seine Eltern könnten in's Gefängnis kommen,*
*wenn es redete, wie zu Hause geredet wurde.*

*„Kind, rede nicht darüber.*
*Bitte, sei still."*

*Reden Sie nicht darüber.*

*Niemand redet darüber.*

*Dafür reden andere darüber.*

*Stören Sie nicht die Aufarbeitung.*

*Im Übrigen:*
*Wenn Sie Erfolg haben wollen, müssen Sie frei reden können.*

*Also, reden Sie nicht d a r ü b e r.*

*Seien Sie endlich still!*

Ein halbes Jahr nachdem dieses Gedicht entstand, erhielt ich die Anfrage des vorwärts buch Verlages nach einem Beitrag für dieses Buch. Im Mittelpunkt steht die Frage, was die einzelnen Personen dazu motiviert hat, sich an der von Martin Gutzeit und Markus Meckel geplanten SDP-Gründung zu beteiligen, welches Vermächtnis sie damit verbinden und welche Erfahrungen bis heute nachwirken. Das Gedicht ist schon ein Teil meiner Antwort darauf.

Wie nah kann ich 20 Jahre nach einem Ereignis noch an meinen Gedanken und Gefühlen sein, die mich veranlassten, zu einer Zusammenkunft nach Schwante zu fahren, welche in die Gründung der Sozialdemokratischen Partei in der DDR (SDP) mündete? Wie kann ich die innere Spannung deutlich machen, die ich damals empfunden habe und die nach einer Lösung drängte? Aussagekräftiger als ein im Rückblick notiertes Stimmungsbild meiner DDR-Erfahrungen erscheinen mir jene Gedankensplitter, die ich in meiner Oberschulzeit und während meines Studiums, also zwischen 1976 und 1985, aufgeschrieben habe. Diese Notizen waren nicht für eine Öffentlichkeit bestimmt. Was darin zum Ausdruck kommt, hätte ich damals nicht sagen können, ohne schwerwiegende Konsequenzen in Kauf zu nehmen.

***WiKo Vorlesung***

*Hinter Wänden,*
*die das Leben vergessen lassen sollen,*
*immer wieder sagen müssen,*
*was das sein soll:*
*Sozialismus*

WiKo ist die Abkürzung für Wissenschaftlicher Kommunismus. Dies war ebenso wie Marxismus-Leninismus und Politische Ökonomie Pflichtfach eines Universitätsstudiums in der DDR.

***Ohne Titel***

*Diejenigen,*
*die behaupten,*
*begriffen zu haben,*
*den Schrecken,*
*den jenes Wort bereitet hat,*
*sprechen heute wieder mit Selbstverständlichkeit*
*vom*
*Endziel.*

Das Wort Endziel bezog sich damals auf die Errichtung des Kommunismus. Es wurde verwendet, obwohl die SED sich vielfach ihres Antifaschismus rühmte. Die folgenden drei Gedichte fand ich mit dem Datum 17.10.1981 versehen. Sie entstanden vermutlich anlässlich der Rückreise unserer „West-Verwandten" in die Bundesrepublik.

***Hass säen***

*vergessen machen,*
*dass auch hinter einer Grenze*
*Menschen*
*lieben können*

***Grenzübergang Bebra***

*Alles Gewesene lächelt in ihren Köpfen.*
*Unsere Hoffnung beschwert ihren Kofferraum,*
*wenn man sie fragen wird,*
*was sie zu verzollen haben.*

***Ohne Titel***

*Bedürfnisbefriedigung nennen sie es rechtsseits,*
*demokratische Grundrechte linksseits*
*der Geraden,*
*die verwehrt,*
*miteinander zu leben,*
*obwohl einer des anderen*
*bedürftig ist.*

Als ich dies schrieb, war ich 21 Jahre alt. Wenn ich heute nach einer gemeinsamen Überschrift für mein damaliges Erleben suche, so ist „Indoktrination und Unfreiheit in einer Diktatur" wohl die zutreffende Beschreibung. Es war vor allem diese geistige Enge gepaart mit Ohnmachtsgefühlen und Angst, die sich Jahr für Jahr mehr um mich legte.

Inzwischen studierte ich. Fasziniert von den Wundern der Natur und den weitreichenden Auswirkungen, die Veränderungen in biologischen Systemen zur Folge haben, erwachte in mir das Interesse am Umweltschutz. Das Waldsterben im Erzgebirge, katastrophale Luftqualität in vielen Städten und Industrieregionen, immer hautnah erlebbar bei meinen Zugfahrten durch Bitterfeld, ungeklärte Einleitungen von Industrieabwässern in Flüsse, der gigantische Landschaftsverbrauch durch die Braunkohletagebaue, ungesicherte Mülldeponien und die Halden der Wismut waren nicht zu übersehende Umweltschäden. Meine Versuche, über Eingaben an staatliche Behörden Verbesserung, Verständnis oder etwas Förderliches zu erreichen, hatten keinen nennenswerten Erfolg. Dafür stellten sich regelmäßig Wut, Ohnmachtsgefühle und eine Art von Existenzangst ein, die entsteht, wenn das Bewusstsein dafür wächst, in einer vielfältig vergifteten Umwelt zu leben. 1986 wurde durch die nukleare Katastrophe von Tschernobyl diese Existenzangst für Menschen grenzübergreifend präsent.
Als das geschah, hatte ich mein Studium als Dipl.-Ing. für Landschaftsarchitektur abgeschlossen und meine erste Arbeitsstelle bei der Kommunalen Wohnungsverwaltung Berlin-Lichtenberg angenommen. Meine Aufgabe bestand darin, „den Höfen den Hof zu machen", wie der blumige Slogan der Partei lautete. Und obwohl Begrünung von Wohnhöfen ein politisch eher unauffälliges Aufgabengebiet war, wurde ich in einem der ersten Kadergespräche damit konfrontiert, dass mein beruflicher Werdegang von der Frage abhängt, ob ich in „unsere" Partei (SED) eintrete. Entsprechend dem Motto: Fachwissen kann man sich aneignen, die politische Meinung aber muss stimmen. Ich erinnere mich noch genau an diese Situation, wie ich mit mir ringe und dann erkläre, dass es mir aus Glaubensgründen nicht möglich ist, in die SED einzutreten. Damit war klar, dass ich mir die Perspektive auf eine interessante berufliche Entwicklung verstellt hatte. Trotzdem ging ich mit Tatendrang an meine Arbeit. Ich entdeckte ein Aufgabengebiet, das mir Freude machte. Dass das Parteibuch und weniger

die fachliche Qualifikation die Vorgesetzen in ihre Ämter gebracht hatte, war allgemein üblich. Damals dachte ich noch, es sei nur für die DDR typisch. Ich war Mitte Zwanzig und in etwa fünfunddreißig Jahren würde ich voraussichtlich das erste Mal in „den Westen" reisen dürfen. Meine Verwandten, von denen meine Eltern erzählten, würden dann vermutlich alle tot sein. Was für eine Perspektive. Gab es einen Ausweg?
Es folgten die Jahre, in denen die DDR die Besuchsregelungen für Verwandtenbesuche lockerte. Ich hatte Glück. 1987 im Januar durfte ich das erste Mal unsere Verwandten in Ostfriesland besuchen. Unbeschreibliche Freude und Freiheitsgefühle. Kulturschock im Westen und Depression nach der Rückkehr in die DDR. Im Januar 1988 noch einmal das Gleiche. Nur war ich mir nicht mehr sicher, ob ich in die DDR zurückkommen würde. Dass ich es doch tat, lag vor allem daran, dass dieses „im Westen bleiben" für mich keine wirklich befriedigende Lösung darstellte. Durch die Krankheit meines Vaters und seinen Tod vier Jahre zuvor war mir bewusst geworden, dass ich meine Mutter in einer ähnlichen Situation nicht würde begleiten und unterstützen können. Mit an Sicherheit grenzender Wahrscheinlichkeit wäre es für Jahrzehnte ausgeschlossen, meine nahen Verwandten wiederzusehen. Allein den Gedanken daran konnte ich nur schwer aushalten. So kam ich also zurück. Auch mit der Hoffnung, dass sich doch etwas ändern lässt.
Mich erwartete meine Einraumwohnung, deren Wände durch einen Wasserrohrbruch in Teilen stark verschimmelt waren und deren Küchendecke sich gesenkt hatte, so dass sich sogar die Bauaufsicht dazu hatte hinreißen lassen, festzustellen, dass die Wohnung eigentlich gesperrt werden müsste. Nach einem Jahr, in dem ich fast wöchentlich die Sprechstunden der Abteilung Wohnungswirtschaft besucht hatte, inklusive Drohungen seitens der Behörde, dass es personalrechtliche Konsequenzen hätte, falls ich etwas Unerlaubtes unternehmen würde. Jemand hatte wohl weitererzählt, dass ich mit dem Gedanken spielte, eine leer stehende Wohnung zu beset-

zen, bekam ich eine Zweiraumwohnung mit Bad und Balkon zugewiesen. In dieser Zeit entstanden einige private Notizen, aus denen ich Ausschnitte zitieren möchte, da sie sowohl die materielle wie die geistige Unzufriedenheit spiegeln, die ich damals empfand.

***Fortschrittlich möblieren – doch womit?***

*Der Bezug einer anderen Wohnung und das sich daraus ergebende Problem der funktionsgerechten Möblierung werfen angesichts der Angebote so genannter Einrichtungshäuser in der DDR einige Fragen auf: In einem Land, das in der Tradition des BAUHAUS steht und in der drei Millionen Wohnungen durch industrielle Serienproduktion errichtet wurden, orientieren sich die Angebote zur Innenausstattung der Räume an Motiven aus der Zeit des Absolutismus. ...*
*Welche Ideologie aber steht hinter einer derartigen Angebotspolitik? Soll sich die Masse der Bevölkerung das Gefühl, „Wir sind schon Wer", wenigstens in den Zellen der Neubauten vorgaukeln, wenn die Umgebung und das Fehlen von Öffentlichkeit keinen Raum zur Selbstbestätigung lässt – ausgenommen der Arbeitsprozess. Aber wer glaubt denn da noch, dass er zur „herrschenden Klasse" gehöre? ...*
*Steht nicht der „Perserteppich", dessen Muster sich per Computerprogramm ineinander verschlingen, im Verdacht, er solle ein „weit gereist" im Besitzer assoziieren, während jener im Stillen nachrechnet, ob man in diesem Jahr nicht doch noch einmal den Kampf um einen FDGB-Urlaubsplatz aufnimmt. ...*
*Dass die Produktion dieses Landes in der Lage ist, gestalterisch und funktionell akzeptables Mobiliar herzustellen, beweist die Tatsache, dass Produkte, die im westlichen Ausland als IKEA-Möbel bekannt sind, in der DDR gefertigt werden...*

Das war im Herbst 1988, ein Jahr vor dem Fall der Mauer. Ich war 28 Jahre alt. Meine Arbeitsstelle war inzwischen das Stadtbezirksgartenamt in Berlin-Lichtenberg. Es lag vis à vis dem Ministerium für Staatssicherheit. Tag für Tag fuhr ich, wenn ich nicht das Fahrrad benutzte, bis zum U-Bahnhof Magdalenenstraße mit einem Heer von Mitarbeitern der Staatssicherheit,

die nahezu lautlos und gespenstisch unauffällig am Morgen hinter gut gesicherten Toren eines eigens für dieses Ministerium eingezäunten und gesicherten Stadtteils verschwanden und am Nachmittag in Scharen wieder daraus hervorströmten. Meine Wut stieg, die Ohnmachtsgefühle ebenso.
Im Januar 1989 wurde mein Antrag auf Verwandtenbesuch ohne Begründung abgelehnt. Müssen wir nicht begründen. Seien Sie doch froh, dass sie schon zweimal fahren durften. Dann kamen die Kommunalwahlen am 7. Mai. Nachgewiesene Wahlfälschung. Unter einer vermeintlich glatten Oberfläche begann es zu brodeln. Nicht nur in meinem Inneren. Nicht nur in der DDR.
Es ist Anfang Juni. In China protestieren Studenten. Es folgt das Massaker auf dem Tian'anmen Platz. „Volksbefreiungsarmee Chinas schlug konterrevolutionären Aufruhr nieder" titelt das Neue Deutschland. Konterrevolution. Wenn dieses Wort fiel, war klar, dass es sich um den Staatsfeind handelte, den Feind im Inneren.
Im gleichen Monat fällt der Grenzzaun in Ungarn. Botschaften werden von Ausreisewilligen besetzt. Hans-Dietrich Genscher auf dem Balkon der Prager Botschaft. Die Staatsführung will ihre Souveränität demonstrieren, so dass die Züge mit den Ausreisenden über Dresden geleitet werden. Die Bilder, die aus meiner geliebten Studienstadt um die Welt gehen, dokumentieren gespenstische Szenen.
Was aber soll ich machen? Sicherheitshalber beantrage ich ein Urlaubsvisum nach Bulgarien. Es soll mir das Gefühl geben, das Land Richtung Ungarn verlassen zu können, wenn es noch kritischer wird. Gerüchte tauchen auf, die DDR plane im Zusammenhang mit den Feierlichkeiten zum 40. Jahrestag der DDR die Grenzen zur Tschechoslowakei zu schließen. Das Korsett des Eisernen Vorhangs sollte immer enger um uns geschlossen werden.
In diese Situation platzte die Nachricht von der geplanten Gründung einer Partei. Ich erfuhr davon durch die Kontakte meines damaligen Lebensgefährten. Als Theologiestudent ge-

hörte er zu jenem Personenkreis, der in der DDR das studieren konnte, was in einer bürgerlichen Gesellschaft als humanistische Bildung bezeichnet wird. Alte Sprachen, Philosophie und Theologie eröffnen andere Denkweisen als Marxismus/Leninismus, Politische Ökonomie und Wissenschaftlicher Kommunismus, dem ideologischen Dreigestirn meiner Studienzeit. So erklärt sich, warum die SDP in der Gründungsphase durch einen hohen Anteil an Pfarrern aus der Taufe gehoben und deshalb anfangs mit dem Etikett der Pfarrerpartei versehen wurde. Der Freiraum, den die evangelische Kirche in der DDR hatte, sorgte in einem gewissen Maß dafür, dass freies Denken, freie Rede und der Umgang mit demokratischen Spielregeln in den Kirchenparlamenten geübt werden konnten. Der Gedanke an Willensbildung über freie und geheime Abstimmung war im öffentlichen Alltag der DDR tabu. Er hatte etwas so Ungeheuerliches an sich, dass es in meinem Studium als eine staatsfeindliche Aktion gewertet worden wäre, hätte ich dies angesprochen oder eingefordert. Genauso verhielt es sich mit der freien Meinungsäußerung. Wer nicht den existentiellen Schutzraum der Kirche hinter sich hatte, musste sehr genau überlegen, was er sagte und das begann schon in der Kindheit.

Meine Mutter erzählte mir, dass Kinder aufgefordert worden waren, die Uhr zu malen, die sie abends im Fernsehen gesehen hatten. Und da sich die Zifferblätter im Ost- und im Westfernsehen unterschieden, konnte der Lehrer genau feststellen, in welchen Familien verbotenerweise Westfernsehen gesehen wurde. Somit hatte man ein Druckmittel gegen die Eltern in der Hand. Mir war als Kind im Grundschulalter sehr wohl bewusst, dass ich meine Eltern in Gefahr bringen konnte, wenn ich etwas Gefährliches sagte. Das Gedicht am Anfang meines Beitrages enthält noch immer die Beklemmung, die mich diesbezüglich in meiner Kindheit und Jugend begleitete und eines meiner Grundlebensgefühle in der DDR beschreibt.

Es erstaunt mich noch heute, dass ich mir trotz dieses Hintergrundes kaum Gedanken darüber machte, dass allein das

Ansinnen, eine Partei in der DDR gründen zu wollen und damit den Alleinvertretungsanspruch der SED infrage zu stellen, eine der größtmöglichen Provokationen für das herrschende System war. Doch noch ist es nicht so weit.

*Rückblende:* Es ist an einem Abend kurz vor dem 7. Oktober 1989. Ich fahre zu einem Treffen des Neuen Forums in eine Wohnung in Berlin und muss die U-Bahn benutzen. Als ich die Stufen zum Ausgang nehme, höre ich ein unerklärliches Dröhnen. Oben angekommen, sehe ich, wie im Dunkel des Abends auf der Karl-Marx-Allee Panzer rollen. Ohrenbetäubender Lärm, blaue Schwaden von Abgasen umfangen mich, niemand ist zu sehen. Es dauerte einige Augenblicke bis ich begreife, dass es kein Krieg ist, sondern die Übungen für die Parade zum 40. Jahrestag der DDR, zu der Michael Gorbatschow erwartet wird.

An einem dieser Tage vor dem 7. Oktober taucht ein Mann in meiner Wohnung auf, den mein Lebensgefährte kennt und der erst im Flur, dann in unserer Wohnstube, aus Angst davor, dass wir von der Staatssicherheit abgehört werden, nahezu ohne Worte zu verwenden, gestikuliert, einen Zettel mit einer Notiz hinterlässt und wieder verschwindet. Später erfahre ich, dass es ein Pfarrer war und es um die Gründung einer Partei geht. Wir hatten einen S-Bahnhof als Treffpunkt vereinbart, an dem er uns aufnehmen und in seinem Auto nach Schwante mitnehmen würde.

Es ist der 7. Oktober 1989, der 40. Jahrestag der DDR. Wir kommen die S-Bahnhof-Stufen herunter und sehen am vereinbarten Treffpunkt zwei Autos. Im ersten sitzt der Pfarrer, im Auto dahinter zwei Herren in Zivil. Ich frage ihn, ob wir im ersten oder gleich im zweiten Auto einsteigen sollen. Galgenhumor. Da sich das Auto hinter uns nicht abschütteln lässt und wir in dieser Begleitung natürlich nicht direkt nach Schwante fahren können, um das Treffen nicht zu gefährden, sucht er mit uns einen ihm bekannten Pfarrer in Oranienburg auf. Dieser hat eine geniale Idee.

Wir sollen mit dem Auto zu einer bestimmten Fußgängerbrücke fahren, aussteigen, über die Brücke laufen. Am anderen Ende

wird er uns mit seinem Auto in Empfang nehmen und ein Stück außerhalb der Stadt bringen. Zur Tarnung bleibt mein damaliger Lebensgefährte im Auto sitzen. Die Herren in Zivil können uns zwar zu Fuß, aber nicht mit ihrem Auto folgen. Bleibt nur das Risiko, dass sie über Funk Hilfe anfordern. Aber da müssen wir schon unauffindbar sein. Der Plan geht auf. Der freundliche Pfarrer fährt uns bis in die Reformsiedlung Eden bei Oranienburg. Irgendwie erreichen wir Schwante. Endlich.
Nun gilt es nur noch jemanden zu finden, der mit dem Auto noch einmal zurück nach Oranienburg fährt, um meinen Lebensgefährten im Auto am Ende der Fußgängerbrücke abzuholen. Aber es findet sich niemand. Solidarität ist wohl auch eine der Tugenden, die sich in der Theorie leichter anstreben lässt. Also stelle ich mich allein an die Bushaltestelle, warte bis ein Bus kommt, fahre zurück nach Oranienburg. Die Angst fährt mit. Ich suche die Fußgängerbrücke. Finde sie endlich. Er ist noch da, das Auto mit den Bewachern nicht mehr zu sehen. Erleichterung.
Irgendwie kommen wir wieder zurück nach Schwante. Die letzte Strecke zu Fuß, querfeldein. Inzwischen ist es Nachmittag. Die Gründungsversammlung ist schon weit vorangeschritten. Vermutlich hätte mich niemand aus dem Kreis vermisst, wäre ich, aus welchen Gründen auch immer, nicht wieder nach Schwante gekommen. Doch auch darüber denke ich erst viel später nach.
Ich sehe mich, wie ich mit einem Stift in der Hand vor diesen gelblichen Papieren stehe und mit meiner Unterschrift auf der Gründungsurkunde zögere. Im Inneren spult sich ab, was ich damit riskiere: Verhaftung, Verhöre durch die Staatssicherheit, den Verlust meiner partiellen Freiheit, meine Arbeitsstelle. Vielleicht habe ich an diesem Tag schon so oft mit meiner Angst gekämpft, dass keine weitere Steigerung mehr möglich ist. Ich unterschreibe.
Welcher Nutzen lässt sich nun zwanzig Jahre später aus diesen Erlebnissen ziehen? Natürlich fließen in diese Überlegungen auch die Erfahrungen ein, die ich bis 1995 in verschiedenen Bereichen der Politik machen konnte. Fünfzehn Jahre Abstand

von der Politik bieten mir inzwischen die Chance, meine Erfahrungen aus einer anderen Perspektive zu betrachten:
Wenn eine kritische Masse erreicht ist, können gesellschaftliche Veränderungen geschehen, die sowohl von der politischen Klasse als auch der Bevölkerung unmittelbar zuvor noch als unmöglich eingeschätzt wurden.
Diese gesellschaftlichen Veränderungen gehen von den Menschen aus, die den größten Leidensdruck verspüren. In der Regel sind das nicht die politischen Akteure.
Die so eingeleiteten Veränderungen eröffnen neue Möglichkeiten des Zusammenlebens und des individuellen Ausdrucks. Daher hängt die Qualität der Veränderung von dem individuellen und kollektiven Bewusstseinstand ab. Je weniger Angst als bewusste oder unbewusste Motivation bei jedem einzelnen Menschen zugrunde liegt, um so größer ist die Chance, ein Zusammenleben zu gestalten, welches auf Freiheit, Toleranz und Respekt vor der Würde jedes Menschen basiert.
Freiheit, Toleranz und Menschenrechte können durch Gesetze geschützt werden. Die Gesetzgebung allein ist aber kein Garant dafür, dass diese Werte innerhalb einer Gesellschaft und weltweit innerhalb der Menschengemeinschaft auch gelebt werden. Die Verantwortung eines jeden Individuums dafür, diesen Werten Gestalt zu verleihen, ist nicht an Politik und Politiker delegierbar. Erst wenn sich ein Individuum dazu entschließt, diesen Werten, unabhängig von den äußeren Umständen, Vorrang zu geben, wird sich in der Gesellschaft eine Veränderung in diese Richtung vollziehen. Diese kann dann auch ihre Entsprechung in der Politik finden.
Die Gründung einer Partei, die den Alleinvertretungsanspruch der SED infrage stellte, war 1989 in der DDR mutig und hocheffizient. Zwanzig Jahre später und mit den Erfahrungen einer parlamentarischen Demokratie angereichert, scheint es, dass die existierenden Parteien allein oder in Koalitionen nicht in der Lage sind, Lösungen für die drängenden Probleme zu finden und umzusetzen. Schwindende Mitgliederzahlen in den Parteien und geringe Wahlbeteiligung sind Symptome, die da-

rauf hindeuten, dass auch ein Großteil der Bevölkerung des ritualisierten Parteienstreites müde ist.
Derzeit vermarkten sich Streit und Konflikt noch besser, als Konstruktivität und kooperatives Handeln. Erst wenn sich eine kritische Masse an Menschen dazu entschließt, dem Zelebrieren dieser Streitrituale in den Medien keine Aufmerksamkeit mehr zu schenken und selbst aktiv zu werden, wird etwas Neues entstehen.
Weltweiter Informationsaustausch und Vernetzung eröffnen dafür neue Möglichkeiten. Inwieweit daraus keine partiellen, sondern globale Lösungsstrategien für die grundlegenden menschlichen Bedürfnisse nach Existenzsicherung und gesunden Lebensbedingungen entstehen, wird davon abhängen, wie lange es dauert, bis die Mehrheit der Menschen begreift, akzeptiert und danach handelt, dass diese Bedürfnisse nicht nur in ihnen, sondern auch in jedem anderen Menschen auf der Welt existieren und entsprechende Handlungen erfordern.
Jede Lösung, die auf Egoismus basiert, wird Gegenkräfte hervorrufen und daher nicht von Dauer sein. Deshalb werden Frieden, Bewahrung der natürlichen Lebensgrundlagen und Entwicklung davon abhängen, ob sich mehrheitlich das menschliche Bewusstsein dahin entwickelt, nicht allein die unmittelbare Umgebung, sondern die gesamte Erde als Lebensraum zu begreifen und dementsprechend zu handeln.

# Stephan Hilsberg

Die SDP war mir ein großes Abenteuer. Ein langer Weg hatte mich in die Runde der Gründer der sozialdemokratischen Partei in der DDR in dem typisch protestantischen Pfarrhaus in Schwante geführt. Ich kannte nur wenige der hier im Gemeinderaum versammelten. Und ich war aufs äußerste gespannt. Einige Wochen vor diesem 7. Oktober 1989 war mir auf dem Schreibtisch meines Vaters der Gründungsaufruf für diese Partei aufgefallen. Und als ich ihn las, lief mir ein Schauer über den Rücken. Die wenigen Seiten waren an Kühnheit kaum zu überbieten. Die Autoren trauten sich was. Sie wollten allen Ernstes eine sozialdemokratische Partei gründen, wohlwissend, dass sie damit den Zorn der SED aufs äußerste reizten. Doch mir stieß noch ein anderer Gedanke auf. Mit der Gründung einer sozialdemokratischen Partei setzten sich deren Initiatoren von der oppositionelle Szene ab, zu der sie doch unbestreitbar gehörten. Eine Partei war etwas anderes als die Gruppen und Initiativen, der bisherigen Organisationsform der oppositionellen Bewegung. Doch die Hinwendung zur Sozialdemokratie war mutig und richtig. Ich fand alle meine Wünsche und Hoffnungen, meine Träume von einer besseren Gesellschaft in diesem Gründungsaufruf wieder. Ich hatte das Gefühl, dass hier endlich mal jemand zupackte, die Probleme in der DDR in ihrer Gesamtheit beim Namen nannte, und einen Ausweg aus der Zwangsjacke dieser totalitären SED-Diktatur wies.
Bereits in meiner frühen Kindheit war ich durch meinen Vater, kontrastierend zur grauen Alltagstristesse der DDR, mit den Werten von Freiheit und Demokratie geprägt worden. Ich wuchs in einem protestantischen Pfarrhaus auf. Und ich erlebte an meinem Vater, was es heißt, menschliche Persönlichkeit, ihr Denken, ihr Wesen, ihre Identität zu achten und zu respektieren. Ihm war kein Mitbürger zu schlecht oder zu schade, um ihm seine Zeit zu schenken. Nie drängte er sich auf, aber immer stand er zur Verfügung.

Freiheit ist ein hohes Gut, vielleicht das höchste, das wir Menschen haben. Freiheit bietet den Raum für die Entwicklung der eigenen Persönlichkeit. Aber sie gibt auch meinen Mitmenschen den Raum dafür. Und deshalb ist die Freiheit auch immer die Freiheit des Andersdenkenden. Aber sie ist mehr als nur die Quelle der Toleranz. Sie ist auch ein Anspruch. Erst in der Freiheit kann sich das Gewissen bewähren. Aber um sich durchzusetzen, muss das Gewissen nach Freiheit verlangen. Letztlich entscheiden wir Menschen immer für uns selbst. Wir tragen die Verantwortung für unser Leben. Die können wir anderen nicht aufbürden. Wir können zwar anderen Lasten abnehmen, oder sie belasten. Aber die Verantwortung für unser Tun ist unsere eigene Angelegenheit. Dies zu erkennen, macht das eigene Leben frei. Verantwortung ist hier keine Last, sondern eine Verheißung. Dann wird das Leben zu einer besonderen Lust. Freiheit ist eine Vision, die Spaß macht. Sie öffnet den Blick in einen Bereich ungeahnter Möglichkeiten und macht uns reich. Ein Geschenk ist unser Leben sowieso. Das Kostbare an diesem Geschenk ist, dass wir es sind, die es gestalten dürfen, dass wir unsere Entscheidungen treffen dürfen. Ja, dieses Dürfen macht unser Leben lebenswert.

Die kommunistische Diktatur wollte von dieser Freiheit nichts wissen. Sie fußte auf einer Ideologie und Gesellschaftskonzeption, die der Freiheit nichts zutraute, die Gewissen und Glauben diskreditierte, und für die der Wert des Lebens einzig in seiner dienenden Funktion für die Erreichung des Kommunismus bestand – speziell wie dieses Ziel einigen wenigen Mitgliedern des Politbüros der SED vorschwebte. Auf den Punkt gebracht, verlangte die Partei vom Menschen Unterordnung unter ihre Machtansprüche. Menschen, die ihrem Gewissen treu sein wollten, die in Freiheit leben wollten, hatten es unter diesem Regime schwer.

Es gab ein Kontrastprogramm zur Wirklichkeit der Diktatur. Der Westen war lebendiger, bunter, reicher und freier. Doch hätte es dieses Kontrastprogramms nicht bedurft, um die Unwirtlichkeit der SED-Diktatur zu beschreiben. Sie war ein

permanenter Anschlag auf die Würde des Menschen. Auch die Leistungsfähigkeit der DDR-Gesellschaft litt. Der technologische Rückstand zum Westen wurde immer größer. Mangelerscheinungen waren an der Tagesordnung. Die Infrastruktur darbte. Die Umwelt ging kaputt. Die Städte zerfielen. Die Menschen flohen. Es wurde immer klarer: Einer Gesellschaft, der die Freiheit fehlt, nimmt Schaden. Zwar hatten sich die Kommunisten in ihren Ländern die absolute Macht gesichert. Ihren Anspruch, besser als die bürgerlichen Gesellschaften des Westens wirtschaftliche und soziale Probleme zu lösen, konnten sie immer weniger einlösen.
Im Gegenteil, Menschen brauchen die Freiheit wie die Luft zum Atmen. Ein Staat, der die Freiheit seiner Bürger schützt, organisiert sich zwar eine Opposition, aber er ist viel leistungsfähiger und viel näher an den Menschen, als es die DDR war. Eine solche Staatsform ist auch weiser und zukunftsfähiger als eine Diktatur. Von einer solchen Demokratie waren wir in der DDR weit entfernt. Zum einen tabuisierte die SED jeden Gedanken daran. Sie hatte die Machtmittel in der Hand, und es schien nicht so, dass sie sie jemals freiwillig abgeben würde. Außerdem hatten wir die Russen im Land, von deren Gnaden die SED-Diktatur bestand. Darüber hinaus trauten sich die meisten DDR-Bürger nicht, öffentlich die SED-Diktatur in Frage zu stellen. Sie stützten sie durch Nichtstun. Eine Ausnahme stellten die oppositionellen Gruppen in der DDR dar, bestehend aus Friedens- und Umweltkreisen. Hier bildete sich jenes Potenzial an Courage und Unabhängigkeit, das für den Verlauf der friedlichen Revolution 1989/90 bestimmend wurde. Aber auch diese Friedenskreise taten sich schwer, im westlichen demokratischen Rechtsstaat die Lösung der Probleme der SED-Diktatur zu sehen. Zu sehr war man auch hier immer noch mit einer Alternative zu beiden Systemen beschäftigt. Und verschwommene Träume vom Sozialismus behinderten den freien Gang des eigenen Geistes. Natürlich war man sich einig im Hass auf erlebte Unfreiheit, auf vorenthaltene Öffentlichkeit und gegen die Unterdrückung der freien Meinung und des freien Denkens.

Das Vertrauen in die Emanzipation und in das Wechselspiel von Opposition und Regierung war hier nicht sehr ausgeprägt. Eine konservative Regierung à la Kohl, wie sie in den 1980er-Jahren bestand, wollte keiner haben. Das war noch nachvollziehbar. Doch konservative Regierungen alleine sind noch kein entscheidender Nachteil der Demokratie.

Denn Menschen sind lernfähig. Und in einer Demokratie kann jeder für seine Ideen kämpfen. Gerade sozialdemokratische Parteien sind in der Lage, ihr Bekenntnis zum Rechts- und Sozialstaat, zur bürgerlichen Gesellschaft und zur freien Öffentlichkeit und die Kritik an den jeweils aktuellen Unzulänglichkeiten, Mängeln und Fehlern im öffentlichen Leben in ein fein ausbalanciertes Verhältnis zu bringen. Und nur über diesen Weg lassen sich gesellschaftliche Probleme nachhaltig lösen. Erst eine demokratische Öffentlichkeit gestattet einen Diskurs, in dem Probleme offen angesprochen und Lösungskonzepte diskutiert werden können. Das Fundament der Demokratie ist ihr Bekenntnis zur Persönlichkeit, zur Gewissensfreiheit und zur Emanzipation.

Die Initiatoren der sozialdemokratischen Partei waren ausgesprochen mutig als sie ihren Vorschlag machten. Ihre Antwort war ein Ende der Debatten um den dritten Weg. Sie nahmen auch die Unzulänglichkeiten der Demokratien mit in Kauf. Die Sozialdemokraten wollten nicht die Macht um jeden Preis, aber sie boten sich an, Macht zu übernehmen. Sie wollten nicht an die Stelle der Kommunisten rücken, sondern sie wollten das Problem der DDR-Gesellschaft lösen, sie von ihrer Stagnation befreien und ihr die Lebensfähigkeit wieder zurückgeben. Die Gründung der SDP war ein Bekenntnis zu den erwachsenen und mündigen Fähigkeiten der Bürger in der DDR. Dies war nicht nur unter den damaligen Bedingungen couragiert und zukunftsweisend. Es war auch intellektuell die beste Antwort, die innerhalb der Oppositionsbewegung gegeben wurde. Sie hebelte die SED-Diktatur aus und beendete das Jahrhundert der Ideologien in Deutschland. Doch bis dahin war es im Spätsommer 1989 noch ein weiter Weg, auch wenn der viel schneller absolviert wurde als damals absehbar war. Die Sozialdemokraten hatten ein tragfähiges Handlungskonzept, nicht nur für sich selbst, sondern auch für den Aufbau eines politischen Spektrums in der DDR. Doch wie sich dieses realisieren würde, war mir zum Zeitpunkt meines Beitritts zur SDP noch völlig unklar. Auch insofern war meine SDP-Mitgliedschaft ein großes Abenteuer. Aber es war die beste und wichtigste Entscheidung meines beruflichen Lebens.

Meine Mithilfe bei der Gründung der SDP war gleichbedeutend mit meinem Eintritt in die Sphäre der Macht. Bis dahin hatte ich mich mit Macht theoretisch und reflektierend und in der Regel für mich allein beschäftigt. Auch meine vorherige Mitarbeit in einem Friedenskreis war noch nicht die von mir angestrebte öffentliche Infragestellung der Macht der SED, sondern eher ein Kratzen an ihren äußeren Strukturen. Das änderte sich am 7. Oktober 1989 schlagartig. Ich war durch die Wahl zum ersten Sprecher der SDP unvermittelt ins Zentrum der Auseinandersetzung mit der SED-Diktatur gerückt, obwohl ich mir bis dahin so gut wie keine Meriten dafür erworben hatte. Mich wunderte deshalb diese Wahl in Schwante. Ich empfand sie jedoch als eine große Anerkennung, die größte, die mir bis dahin zuteil geworden war. Ich brauchte Wochen, bis ich mich innerlich an diesen neuen Job gewöhnt hatte.

Macht bedeutete auch, aktiv Politik zu betreiben. Ich fand im engsten Führungszirkel der SDP ein Team vor, das sehr vertraut zusammenarbeitete. Und ich fand in Martin Gutzeit einen Partner, mit dem ich in den Nächten nach getaner Arbeit die neu entstandene Lage reflektieren konnte, was meine eigenen Überlegungen bereicherte und die politische Perspektive im Alltagsgeschäft der friedlichen Revolution im Herbst 1989 klären half.

Die politische Arbeit an der Spitze der SDP brachte eine Fülle von persönlichen Herausforderungen mit sich, von denen jede einzelne mir schon gereicht hätte. Man lernte in kurzer Zeit so viele Menschen kennen, wie vorher in Jahren nicht. Ich konnte und durfte mich in den Medien präsentieren, eine Arbeit, die von Anfang an viel Freude gemacht hat. Auch der organisatorische Aufbau der SDP, Büros, Mitarbeiter, Aufbau der Strukturen in der Fläche der DDR, brachte eine ungeheure Arbeitsbelastung mit sich. Gleichzeitig, oder fast nebenher, galt es politische Überlegungen anzustellen, über den Aufbau von Gewerkschaften, Kontakte mit der West-SPD, die Einrichtung des Runden Tisches, die Kontakte mit den anderen oppositionellen Gruppen, die deutsche Frage, den Umgang mit der auf dem Rückzug befindlichen SED, die Umbenennung von SDP in SPD um nur einige Beispiele zu nennen. Diese Arbeit hat einen an die Grenze der Belastbarkeit gebracht. Ich erinnere mich an Beinahe-Autounfälle, an Panikstimmungen. Aber in der Regel wuchsen uns, und das habe nicht nur ich so empfunden, damals Kräfte zu, von denen wir nicht wussten, dass wir sie besaßen. Ich übte mich in politischer Leitungstätigkeit, machte parlamentarische Erfahrungen, und leitete politische Verhandlungen. Aus diesen Erfahrungen, und aus dem Gefühl, endlich etwas Richtiges zu tun, erwuchs mir ein Selbstvertrauen von dem ich jahrelang zehrte.

Zu den schönsten Momenten in der damaligen Zeit gehörten Strategiegespräche, in denen wir im kleinen Kreis über unseren Kurs redeten, und in denen wir die neuen Möglichkeiten erfassten, die sich der SDP bzw. Ost-SPD boten. Darin spielten insbesondere auch Freunde wie Norbert Gansel oder Gert Weißkirchen eine große und gute Rolle. Doch auch in der DDR waren wir Sozialdemokraten etwa bis zum Stimmungsumschwung Ende Februar 90 immer gern gesehen bei der Bevölkerung. Unser Mut wurde begrüßt, und unsere poltischen Orientierungen wurden in der Regel respektiert und akzeptiert.

Doch wir hatten keinen Freibrief. Dass uns die alte Nomenklatura hasste, machte uns nichts aus. Schwieriger war es schon, mit der Kritik aus den Reihen der ehemaligen gemeinsamen oppositionellen Bewegung in der DDR umzugehen, von wo uns vorgeworfen wurde, die DDR wohlfeil preiszugeben, eigene Gestaltungsansprüche aufzugeben, und allzu schnell ein System à la Alter Bundesrepublik in der DDR einzurichten. Das

waren die Nachwehen der Auseinandersetzungen um einen Dritten Weg. Die offizielle Anerkennung der West-SPD erfolgte spät. Sie war von unserer Gründung überrascht worden. Das war kein Kommunikationsproblem, sondern eines ihres politischen Konzeptes, welches auf Veränderungen innerhalb der SED hinwirkte. Es ist immer schwer, einen Kurs zu verlassen, den man zu lange innegehabt hat. Norbert Gansel bezeichnete die Gründung der SDP als die Ehrenrettung der SPD. Dieser Satz bedeutet eine große Ehre für uns. Aber es ging uns selbstverständlich nicht um eine Auseinandersetzung mit der West-SPD, sondern um den Sturz der SED-Diktatur. Und dabei hat uns die West-SPD so gut sie konnte geholfen. Und auch wir haben die Machtperspektive unserer westdeutschen Schwesterpartei im Blick gehabt und nach Kräften unterstützt. Die Partnerschaft unserer beiden Parteien auf allen Ebenen war eine große Hilfe für beide Seiten. Doch auch sie konnte ein Abrücken großer Teile der DDR-Bevölkerung von ihrer sozialdemokratischen Sympathie und ihr Hinwenden zur alten Blockpartei Ost-CDU nicht verhindern – was sich dann auch im Wahlergebnis der ersten freien Wahl in der DDR am 18. März 1990 mit 21,3 Prozent niederschlug. Ich hatte das kommen sehen, wenn auch nicht in dieser Dimension. Die West-SPD reagierte enttäuscht, unsere eigenen Leute auch. Doch gerade in Zeiten von Niederlagen muss man zur Stange halten und arbeiten können und wollen. Wir wollten die Demokratie, wir wollten, dass die Leute selbstbestimmt entscheiden. Das hatten sie getan. Ihr Verhalten war nachvollziehbar, und es war verständlich, wenn auch ungerecht, wie ich damals manchmal dachte.
In dem nachfolgenden Prozess der deutschen Einheit hat die Ost-SPD eine große und wichtige Rolle gespielt. Außen- und innenpolitisch haben sich die Vorstellungen der ostdeutschen Sozialdemokraten in der Politik für und in der DDR niedergeschlagen. Die Tätigkeit der Ost-SPD innerhalb der DDR-Regierung und der Volkskammer stellt einen großen Beitrag zur Überwindung des Kalten Krieges und der Nachkriegsordnung in Deutschland dar. Es zählt bestimmt auch zum Vermächtnis

der Gründung der SDP, dass beide Teile Deutschlands heute friedlich vereint, in Freiheit und Demokratie leben können. Die SDP hat nachhaltig die Grundlage dafür geschaffen, dass viele Menschen aus der DDR, die sich in der Zeit der SED-Diktatur nichts haben zuschulden kommen lassen, die ihren Weg trotz totalitärer Anfechtungen gerade und unabhängig gegangen sind, in die Lage kamen, ihr Land als Ministerpräsidenten, Minister, Oberbürgermeister, Parlamentarier und in vielen weiteren Funktionen zu gestalten, und, demokratisch legitimiert, Macht auszuüben. Wer hätte das in 1980er-Jahren gedacht?
Die Gründung der SDP ist ein Lehrbeispiel dafür, wie man mit Mut, Leidenschaft, und Intellekt auf der Grundlage freiheitlicher und demokratischer Werte aus dem Stand heraus erfolgreich Politik machen kann. Diese Gründung war ein Abenteuer und hat großen Spaß gemacht. Politik ist vor allem eine geistige Angelegenheit. Sie braucht Werte, tragfähige Analysen und Konzepte. Der Glaube an die Mündigkeit der Menschen in der DDR, an ihre demokratischen Werte und Traditionen hat die SDP ermöglicht und stark gemacht. Auch die Herstellung von sozialer Gerechtigkeit und Solidarität ist ein Akt freier Menschen und kann nur so dauerhaft verankert werden. Dies bedeutet auch, den Menschen Freiheit zuzumuten.
Einen demokratischen Rechtsstaat an die Stelle von Ideologie und Diktatur zu setzen war das politische Angebot der Sozialdemokraten in der DDR. Dies haben alle Schichten der Bevölkerung unterstützt. Die SDP hat auf diese Weise zur Dynamik der friedlichen Revolution 1989/90 beigetragen. Und dies hat geholfen, die Epoche der totalitären Systeme in Deutschland zu überwinden. Und es hat geholfen, die Gefahren der Untiefen eines Dritten Weges erfolgreich zu umschiffen. Dieser Beitrag wird in Zukunft in den Geschichtsbüchern stehen. Darüber hinaus wird die SPD-Gründung immer ein Beispiel der Selbstermächtigung sein, also des Sich-Einschaltens in die eigenen Angelegenheiten.

# Torsten Hilse

Es war im Sommer 1989. Immer mehr Menschen verließen die DDR. Viele andere hatten es vor. Dabei nahmen sie Gefahren und Schikanen in Kauf. Dass sich in diesem Lande unter dieser Regierung etwas ändern könnte, glaubte kaum noch jemand. Die Wut auf die gefälschte Wahl im Frühjahr 1989 war noch nicht abgeklungen. Die Verachtung, die den greisen SED-Bonzen galt, wuchs von Tag zu Tag. Aber auch die Angst stieg, dass das SED-Regime zu einer chinesischen Lösung greifen würde, wenn es weiter unter Druck geriet. Das Massaker auf dem Platz des Himmlischen Friedens in Peking, welches von der SED öffentlich begrüßt und demonstrativ gutgeheißen wurde, schwebte wie ein Damoklesschwert über allem Kommenden. Die zaghaften Veränderungen, die unter den Begriffen „Perestroika" und „Glasnost" in der Sowjetunion begannen, wurden von der SED verhöhnt und bekämpft.
In diese Stimmung hinein erzählten mir Freunde im Juli, es habe sich eine Initiativgruppe zur Gründung einer Sozialdemokratischen Partei in der DDR formiert. Die Namen der Initiatoren seien ihnen nicht bekannt. Ich fand diese Nachricht hoffnungsvoll und verwegen zugleich und wünschte sehnlich, das Vorhaben möge gelingen. Zu dieser Zeit trat auch das Neue Forum in die politische Landschaft und kämpfte darum, von dem System, welches es ablehnte, anerkannt zu werden.
Wenige Wochen später, Anfang August, kam Dr. Konrad Elmer, damals Studentenpfarrer von Ost-Berlin, auf mich zu und fragte, ob ich bereit wäre, an der Gründung der SDP mitzuarbeiten. Ich war überrascht und zugleich froh, den Zugang zu dieser Initiative gefunden zu haben. Ich erklärte mich nach Rücksprache mit meiner Frau bereit mitzuarbeiten. In der Wohnung Konrad Elmers trafen wir uns in loser Folge mit Martin Gutzeit (heute Landesbeauftragter für die Unterlagen der Staatssicherheit der DDR in Berlin). Ich selbst – als ehemaliges Mitglied eines kirchlichen Gemeindvorstandes mit Geschäftsordnungsfragen vertraut – erarbeitete mit Konrad

Elmer das Organisationsstatut und die Geschäftsordnung für den Gründungsakt.
Wenige Tage vor der Gründung erhielt ich von Konrad Elmer die Adresse einer Brandenburger Dorfgaststätte und eine weitere eines Pfarrers, der mir gleichfalls einen Wirt vermitteln könnte. Ich sollte versuchen, einen der beiden Wirte zu gewinnen, ihren Gasthof als Versammlungsort zur Verfügung zu stellen. Der erste Gastwirt, der wohl Konrad Elmer, aber nicht das Vorhaben kannte, sagte mir, er hätte mich nie gesprochen, nie gesehen und nie davon erfahren. Der Pfarrer, der ebenfalls Konrad Elmer kannte, bat mich in seine Wohnung, zeigte mir das Bild seines Großvaters, der in der Nazizeit lange inhaftiert war und sagte, er hoffe, dass ich ausreichend Gebete und Liedverse im Kopf hätte – diese könnten über schwere Zeiten in einer Gefängniszelle hinweghelfen. Dann war auch dieses Gespräch beendet. Hintergrund dieser Aktion war, die Gründung möglichst nicht in einem Pfarrhaus, sondern an einem „weltlichen" Ort stattfinden zu lassen.
Ähnlich verhielt es sich auch mit einer weiteren Aktion. Am 4. Oktober brachte ich auf Bitten Konrad Elmers spät abends eine Hektografiermaschine nach Schwante. Ich traf den völlig irritierten Pfarrer Joachim Kähler an. Er kannte mich nicht und reagierte zunächst abweisend. Auch das war nicht im Drehbuch vorgesehen und ging ebenfalls auf die unbekümmerte Spontanität meines Mitstreiters Konrad Elmer zurück.
Seit dem 5. Oktober standen Tag und Nacht zwei PKWs mit je zwei jungen Männern vor der einzigen Ein- bzw. Ausfahrt zu unserer Siedlung. Seit diesem Tag war es uns nicht mehr möglich, ohne Observierung das Haus zu verlassen. Am 6. Oktober hatten wir vor, den Rechner zu verstecken, an dem wir gearbeitet hatten. Wir fürchteten eine Hausdurchsuchung. Nachdem es mir nicht gelungen war, diesen in der Nachbarschaft unterzubringen, rief ich einen Freund an. Ich bat ihn, den Rechner mit einem Auto wegzubringen, denn ich selbst konnte ohne Oberservierung das Grundstück nicht mehr verlassen. Er willigte nur unter der Bedingung ein, nicht sein,

sondern mein Auto fahren zu können. Natürlich folgte einer der beiden PKWs. Erst als mein Freund auf dem Grundstück von Bischof Dr. Forck ankam, bei dem der Rechner bleiben sollte, drehten die Stasifahrzeuge ab.
Am Abend des 6. Oktober habe ich noch einmal kurz gezögert, nach Schwante zu fahren. Mein viertes Kind war gerade erst ein Jahr alt, und ich ging davon aus, am nächsten Abend nicht nach Hause zurückzukommen – wenngleich ich auch fest überzeugt war, dass die Zeit für lange Inhaftierungen abgelaufen war.
Von der Gründung hatte ich selbst vier weitere Freunde informiert: zwei Berliner aus Pankow, Johannes und Oliver Richter, einen Arbeitskollegen und einen Freund aus Neubrandenburg. Konrad Elmer und ich teilten uns den Entwurf der erarbeiteten Papiere (Statut und Geschäftsordnung) je zur Hälfte. Ich hatte mein Auto vorsorglich in der Stadt, Konrad Elmer seines vor seinem Haus geparkt. Das Ergebnis war das gleiche. Beide wurden wir „begleitet". Konrad gelang es in Oranienburg, mir in Höhe Birkenwerder, die Begleiter abzuschütteln. Was wir nicht wussten und erst später erfuhren: Die Stasi war wahrscheinlich über alle unsere Schritte informiert. Schwante haben sie nicht verhindert, aber durch unverhohlenen Druck versucht, den Kreis klein zu halten.
Am 7. Oktober, nach der erfolgten Gründung der SDP, wieder in Berlin angekommen, brachten wir kurz vor Mitternacht Kopien der Gründungsurkunde zu einem in der DDR akkreditierten West-Journalisten des epd (Evangelischer Pressedienst). Die Gründung einer Sozialdemokratischen Partei in der DDR sollte am nächsten Tage deutschlandweit bekannt werden.
Viele andere, die in Schwante dabei waren, haben sicherlich ähnliches und anderes erlebt. Bei aller Unzulänglichkeit, die aus begrenzten Mitteln und eingeschränkten Aktionsräumen resultierte, war diese Parteigründung eine logistische Meisterleistung. Keiner anderen oppositionellen Gruppierung gelang es in so kurzer Frist, über fast alle großen und größeren Städte ein arbeitsfähiges Netz zu spannen. Eine rege Reisetätigkeit

setzte im Oktober für viele von uns ein. In meiner Heimatstadt Zittau zum Beispiel trat fast der gesamte Kirchenvorstand der SDP bei. Allein dieses Beispiel zeigt, mit wie viel Vertrauen und Erwartung die Wiedergründung einer sozialdemokratischen Partei in der DDR begleitet und getragen wurde. Nicht zu Unrecht wurde kurze Zeit die Wende auch eine protestantische Revolution genannt. Und in der Tat, die rasche Ausbreitung der SDP war auch deshalb so erfolgreich, weil die einzige intakte und nicht von der SED kontrollierte Infrastruktur – nämlich die der Evangelischen Kirche – sich äußerst engagiert einbrachte.

In Schwante hatte ich mich bereit erklärt, meinen Namen als Kontaktadresse zu verbreiten. In den folgenden Tagen wurde ich dann oft von Menschen zu Hause besucht (ein Privattelefon besaß ich nicht), die in die SDP eintreten wollten. Oft kündigten sich die Menschen auch über einen Zettel im Briefkasten oder einen Brief an.

Am 5. November gründete sich der SDP-Bezirksverband Ost-Berlin. Die Organisation war mir übertragen worden. Über Jörg und Regine Hildebrandt, die von mir in die SDP aufgenommen wurden, gewannen wir Pfarrer Hildebrandt von der Sophiengemeinde, uns die Kirche für die Gründungsversammlung zur Verfügung zu stellen.

Die Gründung des Bezirksverbandes wollten wir nutzen, um viele motivierte Menschen für eine künftige Mitarbeit zu gewinnen bzw. ihnen Angebote für eine solche zu unterbreiten. Handlungsbedarf sahen wir in besonderer Weise und die Übernahme von Verantwortung war unser erklärtes Ziel. Um die Voraussetzung hierfür zu schaffen, musste dies organisatorisch vorbereitet werden.

Im Vorfeld der Gründung traf sich ein Kreis von Genossen und Genossinnen regelmäßig bei mir zu Hause und wir formulierten politische Handlungsfelder, für deren Weiterbearbeitung Arbeitsgruppen gebildet werden sollten. Jeder der Genossen übernahm ein solches Themenfeld, ich übernahm die Formierung einer Arbeitsgruppe Kommunalpolitik. Um die Namen

möglicher Interessenten dauerhaft festzuhalten, besorgte ich große Papierbögen, auf die Kernaussagen, Thesen und Kontaktpersonen geschrieben wurden. Während der Gründungsversammlung wurde darauf hingewiesen, dass jeder, der inhaltlich etwas zur Veränderung der gesellschaftlichen Verhältnisse beitragen möchte, sich auf einem der Bögen eintragen könnte. Diese Interessenten wurden dann zu Arbeitssitzungen eingeladen. Das war eine sehr aufwendige Sache. Zu meiner Arbeitsgruppe, die ich in die Französische Friedrichstadtkirche einlud, gehörten viele Menschen, die ebenso wie ich kein Telefon besaßen. Es mussten also Briefe mit kurzen Terminladungen verschickt werden. Die Ergebnisse unserer Arbeit gaben wir weiter an den Bezirksvorstand der SDP Ost-Berlin. Inwieweit die Dinge, die wir erarbeiteten, in weitere Arbeit bzw. Entscheidungsprozesse Eingang fanden, vermag ich nicht einzuschätzen. Es herrschte ein großes Vertrauen, dass dies geschehe.
Am Tag der Gründungsversammlung standen zum ersten und leider zum letzten Male Menschen Schlange, um in die SDP aufgenommen zu werden. Durch Zahlen eines ersten Monatsbeitrages konnte an diesem Tage jeder Mitglied der SDP werden. Am Eingang der Kirche stand also ein Tisch, darauf eine Kasse, auf einem Notizblock wurde der erste Beitrag quittiert. Vor dem Tisch die besagte Schlange ungeduldig wartender Menschen. Nichtmitglieder, die es auch in großer Zahl gab und die sich noch nicht entscheiden wollten, wurden auf die Ränge gebeten, die Mitglieder in das Kirchenschiff. So waren bei Abstimmungen die Fronten klar.
Der Ansturm auf die SDP währte noch eine ganze Zeit. Für das Ende des Mitgliederaufschwungs ab Dezember 1989, Anfang 1990 stehen zwei Einschnitte. Zum einen die Befürchtung, dass wir zur Nachfolgepartei der SED verkommen könnten, wenn wir weiterhin ehemalige SED-Mitglieder aufnehmen würden (was unmittelbar nach der Wende geschah). – Es wurde dann ein Beschluss gefasst, diese Praxis für eine Zeit auszusetzen. Heute sehen viele in dieser Entscheidung einen Fehler. Ich ste-

he noch immer dazu. Es gab in der DDR zirka 2 Millionen SED-Mitglieder. Die Gründungsmitglieder der SDP waren im Vergleich hierzu verschwindend wenige. – Zum anderen hatte die Wende in der DDR einen revolutionären Charakter, der heute nicht mehr nachempfindbar ist. Die ersten SDP-Mitglieder, die noch viel Mut aufbringen mussten und viel wagten, sahen sich einem Ansturm von Mitgliedern einer Partei gegenüber, von denen sie bis vor kurzem noch bekämpft wurden. Wenn die SDP in Ost-Berlin als wirklich neue und unbelastete politische Kraft gesehen wurde, so gründete sich dies in der Abgrenzung zu den Mitgliedern der Ex-SED. Die SDP musste sich zu keinem Zeitpunkt dem ernsthaften Vorwurf oder Verdacht stellen, eine Nachfolgeorganisation der SED zu sein.

Der zweite Einschnitt, der das Wachstum der SDP/SPD im Osten hemmte, war die Erkenntnis vieler potenzieller Interessierter, dass der Eintritt in eine Partei keinen gesellschaftlichen Vorteil mit sich bringt. Schon wenige Tage nach dem Mauerfall nahmen Genossen aus Reinickendorf Kontakt zu uns auf. Im Vorfeld der ersten Bundestagswahl erfuhren wir von ihnen eine begeisterte und engagierte Begleitung. Das half uns sehr, den Wahlkampf halbwegs professionell über die Bühne zu bringen. In Ost-Berlin wurde die SPD die stärkste Partei mit 34,08 Prozent der Stimmen, gefolgt von der PDS, die 30,08 Prozent erhielt.

Gern erinnere ich mich an eine Wahlveranstaltung im Vorfeld der Wahl zur Stadtverordnetenversammlung, zu der wir in den größten Raum einluden, den Pankow besaß. Es war der Versammlungsraum vom VEB Bergmann-Borsig und fasste wenigstens 500 Menschen. Zwanzig Plakate, die ich gemeinsam mit dem Kreisvorsitzenden Hans-Albrecht Schlappa in West-Berlin im Format A 1 kopierte und in Pankow aushing, reichten aus, um diese Veranstaltung in aller Munde sein zu lassen. Der Saal war überfüllt und die Menschen harrten von 10 Uhr bis in den Nachmittag hinein aus. Das Interesse, wie die SPD die Zukunft gestalten will, war riesig, und die Hoffnung, die man in uns setzte, war groß. Als prominenten Gast hatten wir

damals den ehemaligen Regierenden Bürgermeister von Berlin, Dietrich Stobbe, gewonnen.
Dies war auch die Zeit, in der SPD-Abteilungen (damals hießen sie noch Basisgruppen) wöchentlich tagten und selten vor 24 Uhr endeten, es war die Zeit, in der Linienbusse neben unseren Ständen auf der Straße anhielten, weil sich der Fahrer eine Zeitung geben lassen wollte.
Der Rückblick auf die Tage und Wochen der Jahre 1989 bis 90, der immer nur einen Schlagschatten auf einzelne Ereignisse werfen kann, soll hier enden. Bleibt für diesen Teil der Betrachtung die Frage zu stellen: Was hatte uns bewogen, eine Sozialdemokratische Partei in der DDR zu gründen? Es war die Überzeugung, dass das alte verhasste System in der DDR weder Partner einer Demokratisierung sein konnte noch schonungswürdig war. Die Gründung einer Partei hieß, die Axt an die Wurzel des Einparteiensystems zu legen. Diese Rigorosität allein konnte Zukunft eröffnen. Nicht fragen und betteln um Anerkennung wollten wir, wie es das Neue Forum getan hat, sondern die Gewalt und Kraft sozialdemokratischen Gedankengutes wieder der Gesellschaft zurückgeben. Es sollte die Partei wiederentstehen, in der unsere Überzeugungen aufgehoben waren, der unsere ungeteilte Sympathie gehörte und die wir für die Gestaltung der Zukunft unersetzbar hielten.
Seither sind zwanzig Jahre vergangen. Die Berliner SPD gestaltet seit der Wende ohne Unterbrechung die Geschicke der Stadt. Zehn Jahre als Juniorpartner in einer Großen Koalition, wenige Monate in einer Minderheitsregierung mit den Grünen, seit 2001 in einer Koalition mit der Partei Die Linke. Viele Ost-Berliner Sozialdemokraten haben ihre Partei auf diesem Weg nicht dauerhaft begleiten können. Spätestens als die erste Koalition mit der PDS geschmiedet wurde, verließen viele Genossen, die unmittelbar in der Wendezeit aktiv waren, die Partei. Auch ich selbst hätte es 1990 für undenkbar gehalten, dass jemals eine solche politische Konstellation möglich werden würde. Wir Ost-Sozialdemokraten haben lange mit unserer Strategie der Ausgrenzung gehofft, die PDS (später Die Linke)

in die politische Bedeutungslosigkeit drängen zu können. Das gelang uns nicht. Durch eine Einbindung in die Regierungsverantwortung sahen einige von uns nun eine Möglichkeit, den selbstgerechten, sich keiner Verantwortung stellenden Nimbus der PDS zu zerstören. Auch das ist uns nicht gelungen, zumindest nicht in Ostdeutschland. Wir müssen etwas falsch gemacht haben.

Im Rahmen einer solchen Betrachtung anlässlich eines Jubiläums lassen sich – vorausgesetzt man teilt diese Einschätzung – nur einige Mosaiksteinchen als Analyse beisteuern. Eine soziale Politik gestalten wollen von der CDU über die Linke bis hin zu den Grünen und die SPD heute alle Parteien. Das ist gesellschaftlicher Konsens, der durch kleine Akzentverschiebungen nicht in Frage gestellt werden kann – auch wenn durch heftige Polemik jede der Parteien diesen Schwerpunkt der anderen abzusprechen bemüht ist. Auf die große Zukunftsfrage, wie eine solche soziale Politik gestaltet werden kann – also dauerhaft finanzierbar und ohne Neuverschuldung auskommend – vermag die SPD derzeit keine Antwort zu geben. Andere Parteien freilich auch nicht.

Ich bin fest davon überzeugt, dass die SPD im Wettbewerb des politischen Tagesgeschäftes und kurzfristigen politischen Handelns keinen Vorteil gegenüber anderen politischen Konkurrenten besitzt, wenn sie nicht wieder ihre alten Fähigkeiten und Stärken entdeckt. Die SPD hat in der Vergangenheit die großen Zukunftsfragen aufgeworfen und mit den richtigen Fragestellungen und Lösungsvorschlägen versehen. Das ist ihr Markenzeichen, oder um es modisch zu benennen, das war ihr Alleinstellungsmerkmal. Alle wesentlichen Erfolge auf dem Weg unserer Gesellschaft zu mehr Gerechtigkeit, Sozialstaatlichkeit, Friedenssicherung sind ihr zuzurechnen.

Viele große Fragestellungen indessen, die politisch denkende Menschen bewegen und sorgen, bleiben derzeit unaufgegriffen – zumindest in dem Sinne, eine wegweisende Absicht im Handeln der Parteien erkennen zu können. Die Frage nach der dauerhaften Finanzierbarkeit unseres Sozialstaates ohne

Schuldenaufnahme habe ich genannt. Wiewohl die SPD die Bildung als die entscheidende Ressource Deutschlands benennt, findet sie sich mit einer bildungspolitischen Kleinstaaterei ab. Warum? Die Monstranz, Bildung sei Länderhoheit, wird parteiübergreifend poliert. Und das in einer Zeit, in der Mobilität zu einer Voraussetzung der Berufsausübung geworden ist.
Welche Rolle wird Deutschland in der Europäischen Union künftig einnehmen? Wieviel politische und vor allem kulturelle Souveränität wird Deutschland bleiben? Was wollen wir in diesem Prozess und was wollen wir nicht?
Ein großes Jahrhundertthema werden die weltweiten Wanderungsbewegungen sein. Werden wir diese steuern können oder wollen wir es zumindest versuchen? Werden wir als Land, welches auf Zuwanderung angewiesen ist, diese konditionieren, so wie die meisten Länder der Welt oder werden wir es laufen lassen? Wer wird auf das Problem und vor allem dessen Ursachen reagieren, dass wir im hochqualifizierten Arbeitsmarkt Fachkräftemangel beklagen, in diese Bereiche hinein weltweit anwerben möchten, gleichzeitig aber hinnehmen, das Jahr für Jahr zirka 150 000 hochqualifizierte Menschen auswandern? Das alles sind Fragen und Beispiele, deren sich eine Partei mit den Traditionen einer SPD annehmen muss. Und es sind nur einige. Die SPD muss wieder – vor allem in einer Zeit, die offener wird und für viele Menschen zu schnell Vertrautes abbaut – politische Orientierung, Heimat und Zukunft anbieten.
Und zum Schluss: Gleich welches Problem, gleich auf welcher Ebene und in welcher Schwere es auftritt: Gemeinsam haben diese, dass sie nur gelöst werden können, wenn sie klar benannt werden. Das ist der einzig mögliche Beginn jedes sinnvollen Handelns. Und das Benennen muss in einer Weise möglich sein, dass das Problem sichtbar wird und nicht verdeckt oder gar abgeschwächt oder gar die Benennung als unerwünscht signalisiert wird. Als Ostdeutscher wurde ich gezwungen, zwischen den Zeilen zu lesen und zeitweise mehr Energie bei kritischen Äußerungen dafür zu verwenden, nach Formulierungen zu suchen, die nicht gleich zu einer Verur-

teilung führten, statt es klar und deutlich sagen zu können. Heute wächst die Sorge in mir, dass unsere derzeitige politische Kommunikation zunehmend von Tabus begrenzt wird und sich somit viele Gesellschaftsphänomene einer klaren Bewertung und Wahrnehmung entziehen. Gleichzeitig wächst damit die Möglichkeit, einer sachlichen Argumentation auszuweichen und emotionalisiert bis betroffen zu reagieren. Wenn ich nach zwanzig Jahren Zugehörigkeit zur Sozialdemokratischen Partei Deutschlands erlebe, dass einem Genossen aus der eigenen Partei heraus Mut und Courage attestiert wird, weil er Probleme so benennt, wie sie sind, ist das ein bedenkliches Zeichen. Ich spreche von Heinz Buschkowski, dem Bezirksbürgermeister von Neukölln. Wenn es wieder Konsens wird, ohne Mut und Courage haben zu müssen, die Probleme so zu benennen, wie sie sind und dabei nicht aberkannt wird, dass man sein Handeln einem gemeinsinnigen Ziel unterwirft, wird die SPD für mich wieder die Faszination und Ausstrahlung zurückerlangen, wie ich sie zu Zeiten der Wende wahrnahm. Dann traue ich der SPD auch in den nächsten Jahrzehnten zu, sich allen drängenden Zukunftsfragen erfolgreich anzunehmen.

# Thomas Krüger

*„In diesen Tagen darf sich niemand auf das versteifen, was er kann. In der Improvisation liegt die Stärke. Alle entscheidenden Schläge werden mit der linken Hand geführt werden."*

*Walter Benjamin, Einbahnstraße*

Schwante begann natürlich viel früher. Die Domestizierung der Sozialdemokratie durch die Kommunisten in der SBZ und in der DDR hat die sozialdemokratische Idee niemals wirklich zum Schweigen bringen können. Sowohl innerhalb der DDR-Gesellschaft als auch innerhalb der SED gab es sozialdemokratische Impulse, die jedoch scharf bekämpft wurden.
Es war vor allem Willy Brandts Ostpolitik und sein fulminanter Besuch in Erfurt, der im öffentlichen Gedächtnis haften blieb. Der politische Kurswechsel mitten im Kalten Krieg war ein freiheitlicher Akt, der sich am Leben der Deutschen in Ost und West orientierte. Im wahrsten Sinne Sinne des Wortes öffnete Willy Brandt das Fenster für eine größere Durchlässigkeit zwischen Ost und West. Die lautstarken „Willy Brandt ans Fenster"-Rufe lassen sich vor diesem Hintergrund als mutige Einforderungen interpretieren, quasi als öffentliche Stimmen, die ihre politische Kraft erst mit „Wir sind das Volk" im Herbst 1989 einlösten.
Mein Jahrgang 1959 ist der Generation „Kalter Krieg" zuzurechnen. Das politische Erwachen war von Anfang an in die Auseinandersetzungen der Ideologien geworfen. Die Skepsis, sich überhaupt festzulegen, und das Lavieren, um sich nicht festlegen zu lassen, überwogen. Die sozialliberale Koalition im Westen Deutschlands gewann die Sympathie meiner Familie (und damit auch meine), weil sie konkrete Verbesserungen bei der – für mich erstmaligen – Begegnung mit meinen Verwandten im Westen erwirkte. Die Versöhnung mit den östlichen Nachbarn nahm konkrete Gestalt an und stellte sich in letzter Konsequenz als Gift für die immer wieder reproduzierten Ideologien heraus.

In den 1980er-Jahren wurde mir die Politik der SPD zwar nicht fremder, aber die Empathie wechselte zeitweise zu den Grünen, die ich in Sachen Menschenrechten und Engagement für die Freiheitsbewegungen im Osten authentischer wahrnahm. Die SPD verfolgte zwar die Weiterentwicklung ihrer Ostpolitik auf dem Wege des Dialogs, ordnete aber – so nahm ich es zeitweise wahr – ihre Kontakte zu den Freiheitsbewegungen und zur Opposition in den kommunistisch regierten Ländern dem großen Ziel des Dialogs unter. Die Folge war ein temporärer Empathieverlust.
Die Diskussion um die Gründung einer Sozialdemokratischen Partei in der DDR ist keineswegs eindimensional und allein auf Schwante zugelaufen. Ich selber habe von Ideen gehört, die Ost-Berliner SPD-Büros, die 1961 ihre Arbeit eingestellt hatten und nie verboten wurden, wieder zu eröffnen. Auch innerhalb der SED wurden Diskussionen geführt, sozialdemokratische Programmatik zu stärken und das Profil neu auszurichten. Die Umbenennung in „Partei des Demokratischen Sozialismus“ im Dezember 1989 ist keineswegs eine spontane Entscheidung gewesen und hat mit Blick auf die ehemaligen „Bruderländer“ durchaus ihre Parallelen.
Doch als Gründungsmitglieder von Schwante hatten wir die politische Aktion auf unserer Seite. Die Idee lag längst in der Luft, und sie hat im Herbst 1989 ihre Protagonisten gefunden. Dabei war keineswegs klar, ob hier durchgehend potenzielle Sozialdemokraten am Start waren. Ibrahim Böhme, in Schwante zum Geschäftsführer bestimmt, hat offenbar bis in die Gründungszeit für die Stasi gespitzelt; Angelika Barbe, in Schwante zur 2. Sprecherin gewählt, ist schon nach einigen Jahren zur CDU gewechselt. Andere Gründungsmitglieder haben die Partei später verlassen oder ihre Aktivitäten eingestellt.
Einige Gründungsmitglieder waren zugleich Unterzeichner des Aufrufs des Neuen Forums, der wohl größten Plattform zivilgesellschaftlichen Engagements von 1989. Bevor das Neue Forum sich selbst als politische Plattform profilierte, sammelte sich hier sehr breit politischer Widerstand gegen das geron-

tokratische SED-Regime. Bis Mitte Oktober 1989 war ich deshalb in meinem Berliner Stadtbezirk Lichtenberg auch eine der Kontaktadressen für das Neue Forum.
Die Motivationen, sich politisch zu engagieren, waren vielfältig. Mit der bewussten Mitgliedschaft in der SDP – einer Partei – war jedoch eine Weichenstellung verbunden. Damit war das Parteienmonopol der SED und ihrer Blockparteien öffentlich in Frage gestellt, ein öffentliches Plädoyer für die parlamentarische Demokratie verbunden und nicht zuletzt eine programmatische Positionierung vorgenommen.
Das Motiv, sich politisch zu engagieren, war bei mir schon lange ausgeprägt. Aber die konkrete Entscheidung für eine Programmatik und eine Partei bildete sich erst im Laufe des Jahres 1989 heraus. Dabei spielte die allgemeine Sympathie für die sozialdemokratische Programmatik und ihr internationales Netzwerk eine wichtige Rolle. Ich war jedoch in den 1980er-Jahren zunächst relativ offen für verschiedene Spielarten linksliberaler Politik und habe mich deshalb auch theoretisch breit informiert. Als jedoch 1989 eine Entscheidung anstand, war mir in der Gesamtschau der Gestaltungsanspruch einer potenziell einflussreichen Partei das dominierende Motiv. Wenn ich schon einer Partei beitrete (und damit Kompromisse eingehe), um politische Veränderungen zu bewirken, dann will ich wenigstens etwas bewirken und in eine gewünschte politische Richtung mitgestalten.
Ich gebe zu, dass es nicht zwingend die mitgründenden Personen waren, die mich nach Schwante zogen. Sie waren (wie ich übrigens selber auch) weitgehend dem protestantischen Milieu zuzurechnen und überproportional ausgebildete Theologen. Der Gründungsort war – naheliegend – ein Pfarrhaus und die Gründungsversammlung trug – ästhetisch gesehen – Züge einer gottesdienstlichen Versammlung.
Schon die Anreise nach Schwante war von dieser protestantischen Sorge und Atmossphäre geprägt. Konrad Elmer, Theologe und Pfarrer, der zwei Tage zuvor meiner damaligen Partnerin Sabine Leger und mir aufgetragen hatte, möglichst

auswärtig zu übernachten und am 7. Oktober am S-Bahnhof Pankow Heinersdorf früh um 8 Uhr zu warten, hatte sich offenbar selbst nicht an die Order gehalten und kam deshalb mit zwei – seinem Trabbi bei der Geschwindigkeit überlegenen – Ladas der Stasi im Schlepptau an.

Was tun? Auf zum nächsten Pfarrhaus in Oranienburg. Der dortige ortsansässige Pfarrer hatte eindeutig bessere Nerven als Konrad Elmer, der als designierter Schriftführer der Gründungsversammlung bereits seine Felle wegschwimmen sah. Der protestantische Pfarrkollege rief kurzerhand seine Gemeindekirchrats-Älteste an, die mit ihrem Trabbi auf der anderen Seite einer Fußgängerbrücke wartete – über die Konrad Elmer und die beiden Frauen die Stasikumpane beherzt abhängten – und den Transfer nach Schwante organisierte.

Es passten allerdings nur drei Gründungssozis in das Gefährt. Ich musste zurückbleiben und warten – mit den beiden Ladas, deren Insassen nunmehr relativ wütend aussahen. Die drei kamen wohlbehalten in Schwante an, Sabine Leger jedoch bestand gegen den ausdrücklichen Widerstand prominenter Gründungsmitglieder darauf, mich aus der unangenehmen Lage in Oranienburg zu befreien, was die sozialdemokratische Solidarität bereits in der Gründungsstunde auf eine harte Probe stellte.

Nach einer aufregenden Verfolgungsjagd und einer Abkürzung über ein frisch mit Gülle gedüngtes Getreidefeld im Nachbardorf erreichten wir schließlich das Pfarrhaus in Schwante mit einiger Verspätung. Die Diskussion über das Grundsatzprogramm war noch im Gange und die Frauenquote gerade Gegenstand der Erörterungen. Zum guten Ende ereilte mich auch noch ein Emissärsauftrag. Ich sollte am Gründungsabend Vertreter der bundesdeutschen Presse über den Gründungsakt informieren. Darüber hinaus bekam ich den Auftrag, das Aufnahmegesuch an Willy Brandt, den Vorsitzenden der Sozialistischen Internationale, über Frank Reuter, einen Mitarbeiter der Ständigen Vertretung der Bundesrepublik in der DDR, in den Westen zu schmuggeln.

Natürlich wuchsen wir als Parteigründer sofort zusammen und organisierten uns die üblichen gruppendynamischen Erfolgserlebnisse und Konflikte. Neben diesen Erfahrungen war es aber vor allem die Programmatik und der internationale, vor allem europäische Kontext der Partei, die mir ein Gefühl der Verbundenheit gaben.

Das zweite Gründungserlebnis folgte etwa einen Monat später. Schon wieder in einer Kirche – der Berliner Sophienkirche – einen Tag nach der legendären Demonstration am Alexanderplatz. Der Ost-Berliner Bezirksverband gründete sich und die „sozialdemokratische Botschaft" hatte sich schon herumgesprochen. Über 200 gründungswillige Sozialdemokraten waren mit von der Partie, klärten ihr Verhältnis zum DDR-Gründungsvorstand, der vorläufig im Amt geduldet wurde, und wählten einen eigenen zwölfköpfigen Vorstand. Erst nach einer Stichwahl war mir der zwölfte Platz im Vorstand zugefallen. Vorstandswahlen gehörten nie zu meinen herausragenden Erfolgserlebnissen. Es ging für mich meist knapp und nicht selten mit Glück gut oder mit Pech weniger gut aus.

Die junge Lehrerin Anne-Katrin Pauck übernahm in diesem Vorstand die Sprecherinnenrolle. Ich wurde zum Berliner Geschäftsführer bestimmt. Damit verbunden waren vor allem organisatorische Fragen, das Eröffnen einer Geschäftsstelle, das Konstituieren der Kreisverbände. Die Kreisvorsitzenden wurden damals nach eher ungewöhnlichen Kriterien bestimmt. Große Chancen hatten zum Beispiel Leute mit Telefon, denn irgendwie musste der Mitgliederzustrom, der nicht gerade üppig ausfiel, kanalisiert und erfasst werden. Im Gegensatz zu den Blockparteien verfügte die SDP über keinerlei Infrastruktur und musste komplett auf das Engagement der Mitglieder setzen. Meine erste grundsätzliche Entscheidung war getroffen. Ich hatte mein parteipolitisches Betätigungsfeld auf Berlin konzentriert und wirkte thematisch nur punktuell bei der Programmentwicklung und einigen Fachfragen mit.

Noch im November 1989 wurde ein Gespräch über den Ost-Berliner Bezirksverband angebahnt, in dem sich Wissenschaftler

der Humboldt Universität als Berater der SDP empfahlen. Zu ihnen gehörten u.a. Professor Dieter Klein, Dieter Segert, Michael Brie und Rainer Land, alles Personen, die nur einen Monat später massgeblich zu den Geburtshelfern und Beratern der PDS zählten. Wir konsultierten den Gründungsvorstand von Schwante und aktivierten Martin Gutzeit und Markus Meckel. Vom Ost-Berliner Vorstand beteiligten sich Eva Kunz, die Genossen Pawliczak, Schlafen und ich. Während dieser Diskussion wurde eine grundsätzliche und bis heute wichtige Differenz deutlich. Während die Politologen der Humboldt Uni Rettungsversuche eines sozialistischen Modells diskutierten, uns diese nahelegten und auf einem Dritten (sozialistischen) Weg bestanden, setzen wir auf den Rechtstaat und eine parlamentarische Demokratie. Diese Differenz begründet eine lange, zum Teil bis heute anhaltende Fremdheit der SDP-Gründer zum Umfeld der PDS und der Linkspartei.
Dabei war auch die SDP, wie fast alle oppositionellen Neugründungen, zunächst einige Zeit auf dem Kurs des Dritten (parlamentarischen) Weges. Es war keineswegs ausgemacht, dass die SDP ihr Heil in der Deutschen Einheit und dem westdeutschen Demokratiemodell sucht, sondern eine demokratische DDR anstrebt und dort eine autonome freiheitliche Rolle zu spielen beabsichtigt. Auch gegenüber der West-Berliner SPD haben wir deshalb lange auf unserer Eigenständigkeit bestanden. Die Umarmungsversuche hielten sich anfangs aber auch in Grenzen.
Die Motivation, mit eigenem Selbstbewusstsein sozialdemokratische Politik zu gestalten, prallte jedoch täglich an Veränderungen und Zwängen ab, auf die es Antworten zu geben galt. „Wir sind das Volk“ wurde zu „Wir sind ein Volk“, die bundesdeutschen Parteien brachten Konföderationsmodelle ins Gespräch und die machtpolitischen Erwägungen und Interessen nahmen zu, je näher die notwendigen Volkskammerwahlen rückten.
Noch am 14. Januar, als sich die SDP am Alexanderplatz in SPD umbenannte, war ich einer der Skeptiker, der die Versamm-

lung zu überzeugen versuchte, dass sich schließlich alle sozialdemokratischen Neugründungen in den mittel- und osteuropäischen Ländern „SDP" nannten und diese Gemeinsamkeiten nicht vergessen werden sollten. Meine Kritik gipfelte in der provokativen Frage: „Wollt Ihr denn heute schon zu Kofferträgern der westdeutschen Sozialdemokratie werden?" und wurde – wahrscheinlich zu Recht – mit erbitterten Buhrufen zurückgewiesen.

Im Ost-Berliner Verband stand ich jedoch mit dieser Position nicht allein. Ich war beim ersten ordentlichen Parteitag des Bezirksverbandes inzwischen zum Stellvertretenden Vorsitzenden gewählt worden. Die Wahl zum Vorsitz verlor ich zwar, doch bei den Listenwahlen zur Volkskammer kurz darauf gewann ich mit viel Glück einen sicheren Listenplatz. Doch in der Volkskammerfraktion kam ich mir fremd vor. Die Debatten liefen an mir vorbei und schon die erste Entscheidung, in Koalitionsverhandlungen einzusteigen, obwohl die SPD für eine Mehrheit gar nicht gebraucht wurde, blieb mir fremd und unverständlich.

Diese Erfahrungen, vom Dritten Weg auf den tagespolitischen Pragmatismus geworfen zu werden, habe ich in den Anfangsmonaten öfter machen müssen. Meine Motivationen, die SDP mitzugründen und ihrer Programmatik zu folgen, wie ich sie verstand, sind immer wieder auf die Probe gestellt und durch die politische Wirklichkeit evaluiert worden. Und zwar in einer unglaublichen Geschwindigkeit. Im letzten Jahr der DDR erlebte ich immer wieder Tage, an denen Jahre vergingen. Die Folge war ein permanenter Druck, sich politisch neu zu erfinden und zu positionieren.

Diese ständige Neumotivierung führte schließlich in eine Herausforderung, die mich politisch und sozialdemokratisch sozialisierte und von den idealtypischen Vorstellungen von Politik auf den Boden realpolitischer Tatsachen beförderte. Nach den Kommunalwahlen für die Berliner Stadtverordnetenversammlung, für die ich als Wahlkampfleiter fungierte, wurde die Ost-Berliner SPD stärkste Kraft und konnte mit der (auch im

Osten ungeliebten) CDU eine Koalition bilden. Als Stadtrat für Inneres und Justiz und Stellvertretender Oberbürgermeister hatte ich vorläufig die Weichen auf Landespolitik gestellt und mit der Zusammenführung der beiden Berliner Verwaltungen eine große politische Herausforderung vor mir.
Das Volkskammermandat habe ich nach den Verhandlungen für den Einigungsvertrag niedergelegt und mich auf die Berliner Politik konzentriert. Trotz allgegenwärtiger Ideologien in Ost und West haben tägliche Problemstellungen nach für mich sinnvollen und mit der sozialdemokratischen Programmatik zu vereinbarenden Lösungen gesucht. Es dauerte nicht lange, da wurde klar, dass eigentlich West-Berlin das erfolgreichere Modell des real existierenden Sozialismus war. Die Subventionen für die „demokratische Insel im Kalten Krieg" führten im Westteil der Stadt zu ideologischen Positionen, die schnell erste Kontroversen in der Gesamtberliner SPD auslösten. Viel Zeit zum Nachdenken blieb nicht. Die politischen Entscheidungen waren auch im Ostteil der Stadt in zum Teil heftigen öffentlichen Diskussionen zu verteidigen. Die Auseinandersetzung mit der Kritik der Opposition, in der die PDS die zentrale Rolle spielte, wurde allgegenwärtig.
In dieser Zeit habe ich begriffen, wie wichtig die Kommunikation in der Politik ist. Wer nicht erklärt oder in Kontroversen verteidigt, was er oder sie politisch entscheidet, wird auch nicht verstanden und akzeptiert, selbst wenn Sinnvolles entschieden wird. Die parteipolitische Programmatik bestimmt zwar fachpolitische Entscheidungen mit. Aber es gibt weitergehende Komponenten wie ordnungspolitische Überlegungen, finanzpolitische Grenzen und Koalitionskompromisse, die es zu berücksichtigen und zu vermitteln gilt. In diesen Tagen ist mir die positive, aber immer schwer zu vermittelnde Bedeutung von Kompromissen deutlich geworden.
Die zweite Jahreshälfte 1990 hat mich zum sozialdemokratischen Politiker werden lassen, der den Gegebenheiten und Zwängen, aber auch den Gestaltungsspielräumen in die Augen zu schauen hat. Der Idealismus hat den Pragmatismus

als Zwilling erkannt. Zu Beginn dieser Erfahrung war ich mir nicht sicher, ob ich diese Erkenntnis auszuhalten bereit bin. Mit der „Wahrheit“ idealtypischer Vorstellungen lebt es sich nämlich bequem und gut. Der politische Alltag aber verlangt gerade die Akzeptanz beider.

Was bleibt von Schwante? Genau besehen sind so ziemlich alle Idealvorstellungen und Programmatiken, mit denen ich Schwante verbinde, einer Revision und Evaluation unterworfen worden. Ich fühle mich deshalb heute auch überhaupt nicht als „Schwanteaner“. Im Gegenteil. Ich empfinde es als befreiend, nicht auf die Gründungsmitgliedschaft reduziert zu werden (und wehre mich tapfer, wenn das versucht wird). Mir ist die zuweilen bei Gründungsgenossen durchklingende Retroästhetik und die moralische Überhöhung des Gründungsaktes fremd. Denn viele wären dabei gewesen, wenn sie davon gewusst und den Kontakt in das protestantische Gründermilieu gehabt hätten, und viele andere haben genauso mutige Entscheidungen im Herbst 1989 getroffen und sind erst später zur SPD gestoßen.

Was aber bleibt ist die politische Tat, die Aktion, das Engagement, das Heraustreten in die Ambivalenz von politischer Öffentlichkeit. Das ist eine ganze Menge. Das kann den 43 mutigen Leuten von Schwante auch niemand nehmen. Friedrich Hölderlins „Komm! Ins Offene, Freund!“ steht Pate für diese Grundsatzentscheidung. Es gilt für mich deshalb auch heute: Jede politische Herausforderung wird zu meiner eigenen nur durch meine Einmischung, meine Auseinandersetzung und meine Teilhabe. Die Grunderfahrung von Schwante ist, dass die politische Aktion auch ein Risiko in sich birgt – ein Risiko, das einzugehen sich aber lohnen kann.

Und es bleibt die Identifikation. Trotz der dramatischen Neuerfindungen und Neupositionierungen der ersten Wochen und Monate blieb und bleibt ein „innerer sozialdemokratischer Kompass“. Wer sich selber bei seinen Entscheidungen und Positionen nicht mehr im Spiegel sehen kann, wird zum stummen Mitglied, zum potenziellen Aussteiger. Vor sich selbst und dem Gegenüber gilt es darum glaubwürdig zu bleiben. Das ist im Lichte der tagespolitischen Herausforderungen wahrlich nicht einfach. Aber es ist möglich. Für mich war die Revision, die Neuordnung von Ideologie und Programmatik immer auch eine Befreiung. Denn Politik, für die man Mehrheiten gewinnen muss, hat sich nicht nur an ewigen Wahrheiten sondern generell immer auch am Maßstab der Nützlichkeit und des Gemeinwohls zu messen.

Es bleibt schließlich ein Drittes – der politische Spielraum. Er wird durch die Tat, die Aktion, das Engagement gewonnen. Wer auf den Plan tritt, wer sich ins Spiel bringt, provoziert und kalkuliert Reaktionen. Jede politische Veränderung braucht diese Formen von Bewegung. Ich gebe zu, dass ich mit zunehmender Zeit in der SPD von dieser Basiserfahrung von Schwante zehre. Ich gebe auch zu, dass diese Erkenntnis mich nicht nur motiviert, sondern mir auch wirkliche Freude und Neugier bereitet. Die alte sozialdemokratische Erkenntnis: „Nichts muss bleiben, wie es ist" darf auch weiterhin politischer Ansporn bleiben. Die Gründung der SDP in Schwante hat diese Tradition noch einmal in der späten schon untergehenden DDR verankert und damit einen der Ecksteine für eine gesamtdeutsche Sozialdemokratie gesetzt.

Ich möchte „Schwante" nicht nur mit etwas Vergangenem assoziieren. Die Bedeutung der damaligen Aktion hat für mich in jeder Hinsicht Zukunftsrelevanz. Jede politische Veränderung kann potenziell auch in der Zukunft immer einen Freiheits- oder Solidaritätsgewinn bedeuten. Es kommt dabei aber auf das Engagement und die Beherztheit jeder und jedes Einzelnen an: nicht um statische Ziele als Glaubensbekenntnisse wie eine Monstranz vor sich her zu tragen, sondern um eine Richtung einzuschlagen, die überprüfbaren Grundwerten folgt. Bernsteins Diktum „Das, was man gemeinhin als Endziel des Sozialismus nennt, ist mir nichts, die Bewegung alles." trifft bei all ihrer auch problematischen Zuspitzung deshalb auf meine große Sympathie.

# Susanne Kschenka

Wenn ich überlege, was mich 1989 in die SDP geführt hat, dann ist das ein Weg aus verschiedenen Bausteinen. Erster Baustein ist, dass ich, obwohl in der DDR aufgewachsen, sozialdemokratisch geprägt worden bin. Das ist mir aber erst in den Gesprächen um die Gründung der SDP so richtig bewusst geworden.
Am stärksten ist meine Erinnerung an die lebhaften Erzählungen meiner Großmutter – einer Pfarrers- (eigentlich Propst-) Witwe – über die Bundestagsdebatten, die sie in ihrer Küche in Halle/Saale am Transistorradio hörte. Herbert Wehner, Helmut Schmidt und all den anderen Haudegen der Sozialdemokraten gehörte unverhohlen ihre Sympathie. Aber auch zu Hause, in einem Haushalt zweier protestantischer Theologen, war die Sympathie für die Sozialdemokraten zumindest bei meiner Mutter eindeutig.
Zweiter Baustein ist, dass ich traditionell protestantisch geprägt worden bin. Protestantisches Pflichtgefühl – keine ganz leichte Mitgift für‘s Leben – , verbunden mit einer starken Verankerung in der christlichen Gemeinde, dem Gottesdienstbesuch, dem Chorsingen, dem Aufwachsen mit den Geschichten aus der Bibel und in christlicher Gemeinschaft. Dazu kam immer die Hinwendung in und das Interesse für die Gesellschaft.
Dritter Baustein war das Erleben seit dem ersten Schultag, dass meine Einmischung in die Gesellschaft nicht gefragt war, allein aus meiner familiären Prägung heraus. Das habe ich als Kind überhaupt nicht verstanden. Ich war stolzer Jung- und Thälmannpionier, wollte mitmachen und Verantwortung übernehmen und wurde mit für mich merkwürdigen und unverständlichen Begründungen aussortiert.
All das hat mich zu meiner tiefsten Prägung und zum entscheidenden vierten Baustein geführt: der Heimat in der Evangelischen Jugendarbeit. In meiner kleinen, mittelalterlich-provinziellen Heimatstadt Naumburg an der Saale gab es ein

phantastisches junges Pfarrerehepaar – sie Jugendpastorin, er Studentenpfarrer – Andrea und Edelbert Richter. Bei Andrea Richters Arbeit mit der Jungen Gemeinde kam alles zusammen – Nachdenken über christliche Werte, Beschäftigung mit der Einmischung in die Gesellschaft und Förderung der Eigenverantwortung. Wir konnten selber Themen bestimmen, Andachten halten, mussten die Vor- und Nachbereitung mit übernehmen. Dort in der Jungen Gemeinde waren wir eine chaotische bunte Mischung aus jüngeren und älteren Jugendlichen und jungen Erwachsenen, da wurde diskutiert, über provinzielle Stränge geschlagen, da waren Nacht-Jugend-Gottesdienste am Heiligen Abend die Rettung aus der Enge. Dies alles ist aus heutiger Sicht sicher nicht ungewöhnlich – damals war es das schon und stieß nicht nur auf Freude bei der alteingesessenen Gesellschaft. Edelbert Richter war sich nicht zu fein, mit uns Denkknirpsen philosophische Texte zu lesen und uns in die Tiefen des Nachdenkens zu entführen. In der Jungen Gemeinde entstand nach einer hoch spannend geführten Gerichtsverhandlung (nach der Beschäftigung mit einem Buch) mein prägender Berufswunsch, Richterin zu werden.
Von Andrea Richter angeregt, wurde ich Vertreterin der Jungen Gemeinde im Landesjugendkonvent – dem Landeskirchlichen Jugendparlament. Das war die Entdeckung für mich! In heißen Debatten wurde um die Geschäftsordnung gerungen, wurden wichtige Themen verhandelt, der Bischof kam zum Bericht über die kirchliche Lage und nahm uns sehr ernst. Der damalige Landesjugendpfarrer, Curt Stauss, setzte die Tradition der Eigenverantwortung fort und hat mich ebenso geprägt, wie das Ehepaar Richter zuvor. Ich wurde in den Leitungskreis gewählt und hatte nun mit ihm und anderen Jugendlichen die Verantwortung für die Planung und vor allem die Durchführung der Treffen. Inmitten einer Diktatur erlebte und gestaltete ich Demokratie! Unfassbar und tief prägend. Der Gesellschaft mit ihren Anfeindungen konnte ich nun Einmischung und Produktivität entgegensetzen. Ich wurde auch Jugenddelegierte in der Synode der Kirchenprovinz Sachsen – dem obers-

ten Kirchenparlament – und traf auf Reinhard Höppner mit seiner unbeschreiblichen Art, als Präses humorvoll-souverän, bei klarer Anwendung der Geschäftsordnung – die manchmal chaotischen Tagungen zu leiten.
Fünfter Baustein: Für meinen Berufswunsch – Juristin – gab es in der Schule nur mitleidiges Kopfschütteln. Aber auch dafür fand sich ein Weg, ich konnte auf „Fahrkarte" der Evangelischen Kirche an der Karl-Marx-Universität Leipzig Wirtschaftsrecht studieren, denn der Staat hatte den „Fehler" gemacht, mit der Evangelischen Kirche freie Plätze für Kirchenjuristen auszuhandeln. So studierte ich munter inmitten sozialistischer Jurastudenten meinen Traumberuf.
Ich hatte viele Freunde in verschiedenen Oppositionsgruppen, ohne selbst irgendwo besonders heimisch zu sein. Umweltzerstörung, die Reibungen an der Diktatur, die Suche nach Auswegen, die Beschäftigung mit der deutschen Vergangenheit und der daraus erwachsenden Verantwortung für die deutsche Geschichte im Rahmen der Arbeit bei „Aktion Sühnezeichen-Ost" brachten mich immer wieder zum Nachdenken und zur Suche nach einer politischen Lösung. Im Zuge der nachgewiesenen Wahlfälschungen der Kommunalwahl in der DDR im Jahr 1989 beschäftigte ich mich immer intensiver mit der Frage, wie demokratische und freie Wahlen in der DDR eingefordert und erlangt werden könnten.
Im Mai 1989 war ich für Aktion Sühnezeichen bei der Ökumenischen Versammlung für „Frieden, Gerechtigkeit und Bewahrung der Schöpfung" in Basel. Meine erste Reise in den Westen war also gleich verbunden mit heißen Diskussionen um die verschiedenen Dokumente und wie man das Abschlussdokument mehr politisieren und zu eindeutigeren Aussagen verändern könnte. Im Zuge dieser Diskussionen traf ich auf Markus Meckel, der ein guter Freund eines Freundes war. Da er ihm vertraute, vertraute er wohl auch mir sofort und es gab eine intensive Verständigungsebene.
Markus war damals Pfarrer in Niederndodeleben bei Magdeburg, ich arbeitete im Konsistorium – der Obersten Kirchen-

verwaltung – in Magdeburg. Im Juli 1989 lud er mich zu einem Treffen mit Martin Gutzeit ein, und zu meinem großen Erstaunen präsentierten mir die beiden ihre Ideen zur Gründung einer Sozialdemokratischen Partei.
Mein erster Gedanke war – da bin ich ehrlich: "Die sind doch verrückt!". Aber schon die ersten Ideen, das ausgearbeitete Papier waren so überzeugend, dass ich total verblüfft war. Ja, das konnte schon gehen! Was mich auch beeindruckt hat, war, dass die beiden Freunde bei aller Ernsthaftigkeit einen Heidenspaß hatten, der uns in der ganzen Zeit nicht abhanden gekommen ist. Gerade mit Martin konnte man in den absurdesten Situationen bei kühlem Kopf herzhaft lachen, vor allem, wenn man mit einer Idee den anderen – den politischen Machthabern – ein Schnippchen schlagen konnte.
Was mich am meisten überzeugt hat, war die Begründung der beiden, dass man eine Partei gründen müsse, um klar die Machtfrage zu stellen. Keine kirchliche oppositionelle Gruppe, kein Arbeitskreis oder irgendetwas Ähnliches konnte so eindeutig zum Ausdruck bringen, dass hier Menschen antraten, sich ernsthaft zur Wahl zu stellen und damit die Machthaber herauszufordern, im Kern zu treffen.
Aus meiner ganzen Entwicklung heraus war es eigentlich eine folgerichtige Sternstunde, auf die Ideen zur Gründung gerade einer Sozialdemokratischen Partei zu treffen. „Sozial und demokratisch" sollte es zugehen in einer veränderten DDR – auf eine kürzere Formel konnte es gar nicht gebracht werden.
Ende August gingen Markus und Martin anlässlich eines Seminars mit ihrer Idee an die Öffentlichkeit und schon damals war ihnen gar nicht wohl dabei, dass Ibrahim Böhme mit von der Partie war. Aber er genoss ein so großes Ansehen in Oppositionskreisen, dass er nicht zu verdrängen war.
Währenddessen war die Entwicklung in der DDR im September 1989 überhaupt nicht absehbar. Martin Gutzeit hat immer mal – mit einem Lachen im Gesicht – gesagt: „Na, sie hätten uns ja auch an die Wand stellen können!" – das war flapsig gesagt, aber keiner wusste wirklich, was passieren würde,

und der Hauch der brutalen Lösung des „Platzes des Himmlischen Friedens“ in Peking lag in der Luft. In dieser Situation hat mich Markus Meckel gefragt, ob ich, falls sie in der ersten Reihe der zu gründenden Sozialdemokratischen Partei weg gefangen würden, an seiner Stelle ein- und auftreten würde. Das habe ich ihm zugesagt und bin bis heute froh, dass der Ernstfall nicht eingetreten ist.
Bei der Gründung der SDP in Schwante war ich nicht dabei. Gleichzeitig tagte in Magdeburg die „Kirche von unten“, die mir auch sehr wichtig war, weil auch Veränderungen in der für uns junge Christen erstarrten Kirche im Raum standen. Außerdem wusste ich, dass es wohl unter den potenziellen SDP-Gründungsleuten nicht so viele Frauen gab und dass unausgesprochen die Erwartung im Raum stand, dass ich in vorderster Reihe mitmachen würde. Das habe ich mir in dieser Phase noch nicht zugetraut.
Am Abend des 7. Oktober 1989 kam in der Tagesschau die Meldung über die Gründung der SDP. Es war geglückt. Wieso die DDR-Machthaber die Gründung nicht verhindert haben, ist mir ein Rätsel, war doch auch in Magdeburg im innersten Kern der Mitwisser mindestens eine hochrangige Mitarbeiterin der Staatssicherheit. Ab diesem Zeitpunkt gab es kein Halten mehr. Schnell haben wir Sozialdemokraten uns auch in Magdeburg gefunden: Markus Meckel natürlich, aber auch Reinhard Höppner, dazu kamen andere wie der spätere Oberbürgermeister von Magdeburg – Willi Polte. In seinem Keller fanden die ersten Treffen statt, und ich erinnere mich bis heute, wie er mit bewegter Stimme erklärte, wie sehr er auf die Gründung einer Sozialdemokratischen Partei gewartet hatte, sein ganzes bisheriges Leben lang. Und das hörte man plötzlich öfter – von alten Menschen und von jungen, und es hat mich sehr fasziniert, bei wie vielen ein sozialdemokratischer Gedanke schlummerte, trotz der vielen Jahre Diktatur und Gleichschaltung. Da gab es alte Sozialdemokraten, die noch die Vereinigung von KPD und SPD mitgemacht hatten, da wurden plötzlich die Geschichten von der Verdrängung und Ver-

folgung der Sozialdemokraten und des sozialdemokratischen Denkens erzählt, und ich hatte das Gefühl, als bekäme meine eigene Prägung eine noch tiefere Gründung. Das hat uns beflügelt: Am 18. November 1989 haben wir die SDP in Magdeburg gegründet. Ich gehörte dem Vorstand an und war für den Aufbau der Finanzstrukturen im Bezirk Magdeburg zuständig. Darüber gäbe es viele Geschichten zu erzählen.

Um das Vermächtnis zu erklären, muss ich noch ein bisschen weiter erzählen. Im Dezember 1989 tagte der Zentrale Runde Tisch in Berlin, an dem natürlich auch Vertreter der SDP saßen. Irgendwann war klar, dass es in der DDR demokratische Neuwahlen geben müsse, um das Ende der Diktatur zu besiegeln und den Weg in eine freie Zukunft zu gewährleisten. Dazu brauchte es ein neues Gesetz zur Wahl der Volkskammer. Zwar existierte die alte Volkskammer noch, die ein Wahlgesetz beschließen müsste und die auch selbst gern ein Wahlgesetz nach ihren Wünschen ausarbeiten wollte. Es war aber auch klar, dass ein Wahlgesetz nicht mehr allein durch die alten Kräfte ausgearbeitet werden könnte. So wurde zusätzlich zur Volkskammer eine „Arbeitsgruppe Wahlgesetz" des Zentralen Runden Tisches gebildet, in welcher Martin Gutzeit und ich für die SDP mitarbeiteten. Die zum Teil dramatischen Einzelheiten der Erarbeitung des neuen Wahlgesetzes sollen hier nicht Thema sein. Für mich grenzte es an ein Wunder: ein neues demokratisches Wahlgesetz für freie und demokratische Wahlen war noch ein dreiviertel Jahr vorher ein undenkbarer Traum – jetzt arbeitete ich selbst an diesem Wahlgesetz mit. An dieser Stelle muss und möchte ich erwähnen, dass wir in dieser Phase der ersten Schritte in Richtung gesetzlicher Vorbereitung des Übergangs zu einem demokratisch legitimierten Parlament in der DDR ganz freundliche, zurückhaltende und genau auf unsere Bedürfnisse eingehende Hilfe und Begleitung durch Hans-Peter Schneider und Konrad Porzner aus der alten SPD hatten. Wir konnten unsere Fragen stellen, erklären, was wir regeln und in einem Wahlgesetz festschreiben wollten und die beiden haben sich bemüht zu

helfen, dass wir für unsere Ideen die passenden rechtlichen Regelungen fanden. Das war eine einzigartige Unterstützung in stürmischer Zeit.
Für die SDP – dann schon SPD – wurde ich im Bezirk Magdeburg zur Volkskammerwahl am 18. März 1990 aufgestellt. Da die Wahlprognosen einen Sieg der SPD vorhersagten, sahen wir uns in der Pflicht, die ersten Schritte für die Übernahme der Verantwortung vorzubereiten. Da ich Erfahrungen der parlamentarischen Arbeit im Rahmen der Evangelischen Kirche mitbrachte, war ich mit für die Vorbereitung des „In-Gang-Setzens" der Volkskammer zuständig. Man muss sich das heute vergegenwärtigen – man konnte nach der alten Geschäftsordnung der Volkskammer nicht mal den Präsidenten wählen und auch vieles weitere war völlig unklar. Also habe ich am 18. März 1989 in meiner kleinen Wohnung in Magdeburg gesessen und habe nach der Geschäftsordnung der Synode der Evangelischen Kirche der Kirchenprovinz Sachsen die vorläufige Geschäftsordnung der Volkskammer getippt, denn das war die demokratischste Geschäftsordnung, die ich mir vorstellen konnte. Dieser Entwurf bildete die Grundlage für die späteren vorbereitenden Gespräche. Als zweite parlamentarische Geschäftsführerin der SPD-Fraktion neben Martin Gutzeit war ich dann die ganze Volkskammerzeit über dafür zuständig, die parlamentarischen Rahmenbedingungen für die Arbeit der Fraktion zu gewährleisten. Es bedeutete viel Arbeit, nach den langen, aufreibenden Sitzungen im Volkskammerpräsidium in der Nacht die Ergebnisse für die Fraktion aufzubereiten und Papiere u. a. für die in kurzen Zeitabschnitten tagende Fraktion vorzubereiten. Aber ich war im Zentrum der parlamentarischen Arbeit angekommen.
All diese Erfahrungen haben mich zutiefst geprägt und geben meiner Bewertung der Ziele der friedlichen Revolution ihre Richtung. Ich wollte freie und demokratische Wahlen, und ich wollte die Freiheit, das zu sagen und zu tun, was ich für richtig hielt und dorthin zu gehen, wo ich hinwollte. Diese meine persönlichen „Revolutionsziele", die ich mit der SDP/

SPD erreichen konnte, habe ich erreicht. Deshalb fällt meine persönliche Wertung der Veränderungen 1989/90 zutiefst positiv aus und erfüllt mich mit Freude.
Zugleich hat mich die intensive Erfahrung der parlamentarischen Arbeit als eine wichtige Facette der Demokratie bewegt. Parlamentarische Arbeit als ein Ringen um Positionen über parteiliche Grenzen hinaus, um den richtigen Weg, die richtige Lösung zu finden, wie wir das in vielen Sitzungen der Volkskammer erlebt haben, ist ein hohes Gut in unserem Land. Das wach und lebendig zu erhalten, empfinde ich als ausgesprochen wichtig. Man muss Politikern bei aller nötigen Routine auch abnehmen können, dass sie um den richtigen Weg ringen und dabei auch innerlich beteiligt sind. Vielleicht ist das so eine Art Vermächtnis, das ich mit der SDP-Gründung und allen weiteren Schritten damals verbinde.
Bis heute wirken viele der Erfahrungen nach und prägen sowohl meine innere Haltung als auch meine Themen im persönlichen und beruflichen Kontext. Einer der wichtigsten Punkte ist dabei, Jugendlichen Lust zu machen, sich auszuprobieren, sich in die Gesellschaft einzumischen und auch die Möglichkeit dazu zu bekommen. Egal mit welchem Thema oder an welchem Ort – gefragt und gefordert zu werden, Raum und Zutrauen signalisiert zu bekommen und dabei Unterstützung zu geben, ist mir selbst in Bezug auf Jugendliche wichtig. Genauso versuche ich, Erwachsene für dieses Verständnis zu gewinnen. Ich habe selbst erlebt, wie viel das in einem Leben bewirken kann. Ohne dieses Zutrauen, das mir geschenkt worden ist, wäre ich ein anderer Mensch.
Die Erfahrungen rund um die Gründung der SDP wirken auch insofern nach, als das Gefühl, alles versuchen zu können, alles für möglich zu halten, weiter wirkt. Verbündete für Ideen zu suchen und gemeinsam an deren Verwirklichung zu basteln, mache ich in ganz verschiedenen Zusammenhängen bis heute gern und oft. Einer übermächtig scheinenden Diktatur mit einer wahnwitzigen Idee die Stirn geboten und diese friedlich überwunden zu haben, das ist doch ein echtes Abenteuer, das

nicht jede erleben kann! Dafür bin ich zutiefst dankbar und im Inneren froh. Es war eine geschenkte Zeit.
Die tiefste Erfahrung ist aber die der Demokratie. Ich bin im Innersten als Demokratin geprägt und geformt worden und versuche dies als Wert und Haltung weiterzugeben. Ich arbeite heute im Mobilen Beratungsteam Brandenburg. Diese Arbeit hat zwei Seiten – Information, Aufklärung und Beratung zu Rechtsextremismus auf der einen – Lust machen auf Demokratie auf der anderen Seite. Oft erlebe ich, wie wenig Zutrauen die Menschen in die Tragfähigkeit der Demokratie haben, wie viel Misstrauen gegen die „Politiker da oben" vorherrscht, ohne, dass sich die meisten ernsthafte weitere Gedanken zu verschiedenen Themen machen. Dazu kommt, dass vielen das politische Tagesgeschehen mit den komplizierter werdenden Fragen zu anstrengend oder zu komplex erscheint und sie lieber auf einfachere Antworten und Parolen zurückgreifen. Daneben immer wieder zu stellen, dass man sich selbst einmischen kann und sei es nur ein ganz winziges Stück oder wenigstens Fragen zu stellen und sich auch kompliziertere Antworten anzuhören, sind wichtige Punkte für mich. Daneben macht es mich oft ganz unruhig, wie leichtfertig Menschen in unserem Land auf ihr Recht zu wählen verzichten. Für mich ist wählen zu können eines der höchsten Güter, und wir haben es schwer erkämpft. Das aufzugeben bedeutet für mich eine echte Gefährdung der Demokratie, die mich mit Blick auf die sinkende Wahlbeteiligung mit Sorge erfüllt.
Auf der anderen Seite finde ich es wichtig, dass die SPD als Partei authentisch und nah bei den Menschen bleibt. Ich weiß, dass das im politischen Tagesgeschäft nicht ganz einfach ist – es war auch schon im Volkskammerwahlkampf an manchen Stellen ein arger Spagat –, aber wenn ich an meine Großmutter denke, würden kantigere Politiker, denen man innerlich und äußerlich die Bewegtheit und das Engagement wieder stärker abnehmen könnte, vielleicht auch bei den Menschen im Lande wieder mehr Interesse hervorrufen. Das wünschte ich mir gerade von der SPD, denn das hat mich damals zu ihr geführt.

# Christoph Matschie

Es gibt heute allenthalben ein spürbares Unbehagen der Bürger mit dem Zustand unserer Demokratie. Wenn wir nicht wollen, dass am Ende die Demokratie selbst unter dieser Entwicklung leidet, brauchen wir eine kritische Vergewisserung über die Fundamente unseres demokratischen Staates, um der Demokratie neue Kraft zu verleihen. Dabei kann auch die Erinnerung an die starken Momente demokratischen Handelns, eine Rückbesinnung auf die Kraft aktiver Bürger helfen. Der demokratische Aufbruch 1989/90 war ein solcher Moment, ein Ur-Erlebnis der Demokratie. Von William Faulkner stammt der schöne Satz, dass das Vergangene nicht tot sei, ja nicht einmal vergangen. Wir sollten uns diese Erkenntnis für die Revitalisierung unserer Demokratie zunutze machen.

Das Jahr 1989 stand in keinem Szenario von Zukunftsforschern oder Politstrategen. Es hat uns überrumpelt und mitgerissen. Gleichzeitig waren wir Akteure der Veränderung. Eine atemberaubende Erfahrung. Ich bin im Jahr des Mauerbaus geboren und mit der Teilung aufgewachsen. Sie war als etwas Unumstößliches in meinem Kopf verankert. Die DDR besser machen, das schien möglich. Die deutsche Teilung überwinden, das kam in meinem Denken bis zum Herbst 1989 nicht vor. Und doch ist genau das passiert. Konnten wir zu Beginn des Jahres 1989 ahnen, was da noch kommt? Nein. Zwar lief die Debatte um Glasnost und Perestroika, zwar hatte sich Polen auf den Weg der Veränderung begeben, aber das DDR-System schien trotz aller Probleme fest gefügt. Hätte Anfang 1989 jemand behauptet, im nächsten Jahr werde die Wiedervereinigung Deutschlands wahr, hätte man eher Drogenkonsum als hellseherische Fähigkeiten vermutet. Hier knüpft für mich das erste Vermächtnis des Herbstes 1989 an: Es gibt die Möglichkeit des Unmöglichen.

Ich war 27 Jahre alt, hatte gerade die Examensprüfungen hinter mir und schrieb an meiner Diplomarbeit, als bei uns die Debatte zum Umgang mit den Mitte Mai 1989 anstehenden

Kommunalwahlen begann. Bis dahin hatte ich die Teilnahme an Wahlen immer verweigert, da ich nicht Teil dieser Farce sein wollte. Jetzt diskutierte ich gemeinsam mit Freunden, wie wir das Wahlergebnis beeinflussen und überprüfen könnten. Ich entschied mich, diesmal zur Wahl zu gehen und mit Nein zu stimmen. Gemeinsam versuchten wir am Ende des Tages in möglichst vielen Wahllokalen das Auszählungsergebnis zu erfassen und zusammenzutragen. So wie wir in Jena vorgingen, geschah es in einer ganzen Reihe von Städten quer durch die DDR. Für mich war dies der Augenblick, als aus der passiven Verweigerung gegenüber der Wahlfarce der DDR aktives Handeln wurde – mit dem Ziel, dieses System bloßzustellen und Druck für Veränderung zu erzeugen. Obwohl wir nur die Ergebnisse von etwa der Hälfte der Wahllokale hatten, war die Zahl der Nein-Stimmen bei weitem höher als das offizielle Wahlergebnis für Jena auswies. Der Wahlbetrug war offenkundig. Die Ergebnisse machte ein beteiligter Pfarrer im Schaukasten seiner Kirchgemeinde öffentlich.

Dieses Vorgehen von Oppositionsgruppen war neu. Das hatte sich bis dahin niemand getraut. Hier waren nicht mehr einige Wenige, die den Wahlgang verweigerten, hier organisierten sich Bürger, um Druck auf die Regierung auszuüben. Die DDR-Führung reagierte äußerst nervös. Nur drei Wochen später kam es zum Massaker in Peking auf dem Tiananmen-Platz. Das SED-Zentralorgan „Neues Deutschland“ begrüßte das harte Durchgreifen der chinesischen KP. Die DDR-Volkskammer stellte sich am 8. Juni in einer einstimmigen Erklärung hinter die chinesische Führung. Ich war schockiert. Gab es doch keine Hoffnung auf Perestroika in der DDR?

Im Sommer begann die Fluchtwelle – eine deutliche Antwort auf die von vielen Menschen gefühlte Ausweglosigkeit. Als am 11. September die ungarische Regierung die Grenze zu Österreich öffnete, flohen innerhalb von drei Tagen rund 15 000 DDR-Bürger in die Bundesrepublik. Auch ich hatte mich mit dem Gedanken getragen, einen Ausreiseantrag in den Westen zu stellen. Das war nach dem endgültigen Aus für meinen Wunsch, Arzt zu werden. Drei Jahre lang hatte ich mich um ein Medizinstudium bemüht, hatte nach dem Abitur als Pfleger gearbeitet. Am Ende kam die klare Ansage: „Sie werden in unserem Staat nie Medizin studieren." Was also tun? In den Westen gehen, wie viele andere vor mir, oder bleiben und neue Wege suchen? Am Ende entschied ich mich zu bleiben, auch der Freunde und der Familie wegen. Ich wollte den Freiraum der Kirche nutzen, und ich wollte nicht weglaufen, sondern mich für eine bessere DDR einsetzen. 1984 begann ich Theologie zu studieren.

Im Spätsommer 1989 waren zwei Reaktionen gleichzeitig zu beobachten: Während die einen ihr Heil in der Flucht suchten, skandierten andere: „Wir bleiben hier!" Und dieser Slogan war durchaus nicht als Unterstützung für die DDR-Führung gemeint. Ganz im Gegenteil, hier wurde eine Kampfansage formuliert. Am 4. September demonstrierten zum ersten Mal einige hundert Menschen vor der Nicolai-Kirche in Leipzig für Reisefreiheit. Der Protest ging auf die Straße. Währenddessen saß ich in Jena wie auf Kohlen und bereitete die in wenigen Tagen anstehende Verteidigung meiner Diplomarbeit vor. Das Stipendium für die anschließende Doktorarbeit war schon zugesagt.

Wenig später fiel mir in der Theologischen Fakultät der Uni der Aufruf zur Gründung einer Sozialdemokratischen Partei in die Hände. Mit der wachsenden Ausreisewelle wurde es von Tag zu Tag deutlicher: Die DDR muss und wird sich verändern. Und mir war klar: Ich muss dabei sein. Jetzt war die Chance da, zu tun, was wir jahrelang diskutiert hatten: Eine bessere DDR schaffen. Doch die Frage lautete: Wie kann die Veränderung gestaltet werden und was ist genau zu tun?

Am Beginn des Herbstes 1989 stand die Forderung an die Staatsführung der DDR, Reformen in Staat, Wirtschaft und Gesellschaft auf den Weg zu bringen. Ganz vorn stand dabei immer wieder die Forderung nach Reisefreiheit. Auf der einen Seite die Protestierenden und Fordernden wie Oppositionsgruppen und Kirchen – auf der anderen Seite die Partei- und

Staatsführung als Handelnde. Oder anders gesagt: Wir hier unten forderten die da oben auf, etwas zu ändern.
Gleichzeitig dachten einige schon viel weiter. Dazu zählte die Initiativgruppe zur Gründung einer sozialdemokratischen Partei. Sie stellte die Frage: Reicht es aus, die Regierung nur zu Zugeständnissen zu drängen? Müssen wir nicht eigene Konzepte entwickeln und selbst zu Handelnden der Veränderung werden? Und daran anschließend die Frage: Wer spricht und handelt eigentlich für wen, mit welcher Legitimation? Schon der SDP-Gründungsaufruf formuliert wesentliche politische Ziele wie parlamentarische Demokratie, Gewaltenteilung, Pressefreiheit und eine soziale Marktwirtschaft. Das ging weiter als alles, was ich bis dahin gehört hatte. Ich war elektrisiert.
An der Initiative zur Gründung der SDP faszinierte mich vor allem die Konsequenz des Vorgehens. Hier wurde die Machtfrage gestellt. Hier waren Menschen, die die politischen Entscheidungen selbst in die Hand nehmen wollten. Das imponierte mir. Für die SED war das eine gewaltige Provokation. Nicht nur, dass ihr in der Verfassung garantierter Führungs- und Machtanspruch in Frage gestellt wurde, auch ihr Gründungsmythos wurde damit angegriffen. Denn schließlich war nach SED-Lesart die Sozialdemokratie freiwillig in der SED aufgegangen.
Aber es gab auch noch andere Fragen, die mich in diesem Moment bewegten. Wem kann man vertrauen? Wer sind diejenigen, die so etwas auf den Weg bringen wollen? Kann ich mir vorstellen, mit ihnen gemeinsam ein solches Wagnis einzugehen? Noch konnte ja niemand wissen, wohin der Weg genau führt.
Ich suchte unseren Studentenpfarrer auf und besprach die Sache mit ihm. Meine Vermutung erwies sich als richtig: Er war in die SDP-Vorbereitungen involviert und später am 7. Oktober bei der Gründung in Schwante auch selbst dabei. Er sagte mir, dass die Gründung der SDP in Kürze erfolgen soll und bat mich darum, mich in der Angelegenheit zunächst ruhig zu verhalten und den Termin abzuwarten. Aus Jena waren schon

vier Leute dabei und man wollte aus Sicherheitsgründen vermeiden, dass zu viele in dieser kritischen Phase involviert sind. Jeder Beteiligte erhöhte schließlich das Risiko, dass die Gründungsveranstaltung auffliegt.
Der 7. Oktober war der ideale Tag für die Parteigründung. Nicht nur weil es so gut zum 40. Jahrestag der Gründung der DDR passte, die Regierenden herauszufordern, sondern vor allem weil die Sicherheitskräfte an diesem Tag sowieso alle Hände voll zu tun hatten. Bei Demonstrationen am Wochenende des 7./8. Oktober griff die Polizei teilweise brutal durch. Über 1000 Menschen wurden an diesem Wochenende und den folgenden Tagen festgenommen. Am 7. Oktober fiel bei einer Pressekonferenz in Ost-Berlin auch der denkwürdige Satz von Gorbatschow: „Wer zu spät kommt, den bestraft das Leben."
In der Woche nach dem 7. Oktober eröffneten wir in Jena in der Wohnung eines der Gründungsmitglieder eine Anlaufstelle für Interessierte. Jeden Abend kamen neue Leute vorbei. Wir diskutierten, verteilten Info-Material und „sammelten" Mitglieder für die SDP. Um es ganz offen zu sagen: Erst während dieser Gespräche und Diskussionen wurde mir Stück für Stück klar, was wir da eigentlich begonnen hatten. Hier sollte eine Partei entstehen, und sie sollte in freien Wahlen gegen die SED antreten und um die Macht kämpfen – gegen eine SED mit über zwei Millionen Mitgliedern, die seit über 40 Jahren alle Machtinstrumente in den Händen hielt. Manchmal wurde mir schwummerig bei diesem Gedanken. Aber es gab kein Zurück. In den ersten Tagen rechnete ich jeden Moment mit dem Eingreifen der Stasi. Doch nichts geschah. Fünf Wochen später, am 10. November, gründeten wir den Ortsverband Jena der Sozialdemokratischen Partei in der DDR. Wir hatten zu diesem Zeitpunkt rund 200 Mitglieder in der Stadt.
In diesen Wochen überschlugen sich die Ereignisse. Der Protest auf der Straße schwoll von Tag zu Tag an. Dies war das wichtigste Druckmittel gegen die Partei- und Staatsführung. Nur wenn es gelang, genügend Menschen auf die Strasse zu bringen, würden unumkehrbare Veränderungen durchsetz-

bar sein. Neben der Arbeit am Aufbau der SDP engagierte ich mich deshalb gemeinsam mit anderen intensiv bei der Vorbereitung von Demonstrationen in Jena. Am 9. Oktober gab es in Leipzig einen Durchbruch. 70 000 Menschen demonstrierten auf dem Leipziger Stadtring – und Polizei und Armee griffen nicht ein. Jetzt gab es kein Halten mehr. Vier Wochen später war die Zahl der Demonstranten in Leipzig auf eine halbe Million angewachsen. In Berlin gingen am 4. November rund eine Million Menschen auf die Straße.
Diese Demonstrationen waren ganz besondere Erlebnisse und sie gehören damit zum Kern der ostdeutschen Demokratie-Erfahrung. Hier haben Menschen, die über Jahre und Jahrzehnte bewacht, bespitzelt und gegängelt wurden, ihre eigene Kraft entdeckt. Sie haben den aufrechten Gang gewagt. Sie haben erfahren, dass sie den Lauf der Geschichte selbst beeinflussen können – ein demokratisches Ur-Erlebnis. Ich erinnere mich gut an die erste große Demonstration in Jena – das Erstaunen und die Befreiung in den Gesichtern. Tränen der Freude. Wildfremde Menschen, die sich in den Armen lagen. Der Enthusiasmus und die Begeisterung eines ganz neuen Wir-Gefühls: Wir haben die Angst überwunden. Wir sind nicht allein. Wir sind stark. Wir können die Welt bewegen.
Der 9. November, der Fall der Mauer, war der symbolträchtige Höhepunkt dieses Befreiungserlebnisses. Die Bilder gingen um die Welt. Das demokratische Bewusstsein lebt von solchen demokratischen Ur-Erfahrungen, die ein Volk gemacht hat. Die friedlichen Massendemonstrationen und der Fall der Mauer sind unsere ostdeutschen Ur-Erfahrungen, die wir ins Gedächtnis unserer Nation einbringen. Wir tun gut daran, die Erinnerung zu bewahren und weiter zu tragen.
Nicht alles, was wir im Herbst 1989 erträumten, ist aufgegangen. Mancher Traum ist gar der Enttäuschung gewichen. Aber diese Erfahrung der eigenen Kraft und die Erfahrung, dass auch für unmöglich Gehaltenes Wirklichkeit werden kann, das ist der kostbarste Schatz. Für mich hatte der Fall der Mauer damals zwei Gesichter, ein euphorisches, befreiendes und

ein sorgenvolles. Die Sorge bezog sich auf das, was wir selbst gestalten wollten. So, wie viele andere in den unterschiedlichen Oppositionsgruppen wollte auch ich zuallererst eine neue, eine reformierte, demokratische DDR. Jetzt strömte plötzlich alles in den Westen. Wer würde sich noch für unsere Ideen interessieren?
Noch lange habe ich mich gegen die Vorstellung einer schnellen Einheit Deutschlands gewehrt, bis ich irgendwann einsehen musste, dass der Druck der Ereignisse und das Bedürfnis der allermeisten Menschen in der DDR nach schneller Sicherheit im Schoß der alten Bundesrepublik zu groß war, um andere Wege zu gehen. Aus dem Ruf „Wir sind das Volk" war der Ruf „Wir sind ein Volk" geworden. Heute kann ich das besser verstehen als damals mitten im Strudel der Ereignisse.
Aber zurück zum November 1989. So wichtig der Druck der Demonstrationen war, er allein konnte nicht die notwendigen Veränderungen bewirken. Es brauchte Strukturen, die notwendige Schritte auf dem Weg zu freien Wahlen herbeiführen konnten. Gerade die neue Sozialdemokratische Partei hatte ja von Anfang an auf klare Strukturen und Interessenvertretung gesetzt. Sie gehörte jetzt zu den treibenden Kräften, die einen organisierten Dialog mit den Regierenden und Strukturen für den Übergang bis zu freien Wahlen forderte.
Wie schon zuvor in Polen sollte auch in der DDR ein Runder Tisch die Entscheidungen kanalisieren. Am 7. Dezember 1989 kam der Runde Tisch das erste Mal zusammen. Anders als in Polen, wo sich Regierung und Solidarnosz gegenübersaßen, war in der DDR ein kompliziertes Gefüge aus alten Blockparteien und Massenorganisationen auf der einen und einer Vielzahl von Oppositionsgruppen auf der anderen Seite nötig. Keine einfache Konstellation. Ich kam Anfang Januar als Vertreter für Thüringen in die Verhandlungsgruppe der SDP am Runden Tisch und war begeistert von den neuen Möglichkeiten.
Das erste Mal stellte sich die Regierung einer strukturierten Debatte mit den Oppositionsgruppen. Die Fülle der Themen, die dabei auf den Tisch kamen, machte es allerdings auch

schwer, sich auf die wesentlichen Fragen des Transformationsprozesses zu konzentrieren. Immer wieder wurde auch die Begrenztheit solcher Dialogprozesse klar. Wer entscheidet eigentlich mit welcher Legitimation? Wer setzt um? Wer kontrolliert? Immer drängender wurde: Es muss so rasch wie möglich Wahlen geben. Die alte Regierung hatte jede Legitimation verloren und die neuen Kräfte hatten keine Kontrolle über das, was in Verwaltung, Polizei oder Armee geschah.
Mitte Januar demonstrierten noch einmal Hunderttausende in zahlreichen Städten gegen die Restaurationspolitik der SED-PDS und ihres Sicherheitsapparates. Die Stasizentrale in Berlin wurde gestürmt, und es wurde schlaglichtartig klar, wie brisant und explosiv die Lage noch immer war. Im Ergebnis dieser Auseinandersetzungen und auch auf Drängen der SPD wurde der geplante Wahltermin von Ende Mai auf den 18. März vorgezogen. Nur schnelle Wahlen konnten die Situation wirklich stabilisieren.
Der Runde Tisch ist nicht, wie manche heute meinen, das demokratischste aller Mittel. Er ist ein Instrument des Übergangs. In so mancher Verklärung, die später einsetzte, wurde das übersehen. Politische Kontroversen brauchen in aller Regel legitimierte Mehrheitsentscheidungen – der Konsens aller Beteiligten ist die Ausnahme. Gerade im Osten Deutschlands ist dies noch längst keine Selbstverständlichkeit. Noch vor wenigen Jahren gab bei einer Umfrage zur Rolle der Opposition in Thüringen mehr als die Hälfte der Befragten zur Antwort, Aufgabe der Opposition sei es, der Regierung zu helfen. Die Sehnsucht nach Konsens ist groß.
Am 13. Januar fand in Ost-Berlin die erste Delegiertenkonferenz der SDP statt. Auf dieser Konferenz wurde die Änderung des Parteinamens in Sozialdemokratische Partei Deutschlands (SPD) beschlossen. Zugleich erfolgte ein klares Bekenntnis zur deutschen Einheit. In einer deutschlandpolitischen Erklärung hieß es: „Wir Sozialdemokraten bekennen uns zur Einheit der deutschen Nation. Ziel unserer Politik ist ein geeintes Deutschland. Eine sozialdemokratisch geführte Regierung der DDR

wird die notwendigen Schritte auf dem Weg zur deutschen Einheit in Abstimmung mit der Regierung der Bundesrepublik gehen. Was sofort möglich ist, soll sofort geschehen."
Mir ging das damals alles zu schnell. Aber ich musste lernen, dass es eine politische Dynamik gibt, die man auch durch noch so kluge Argumente nicht ändern kann. Hier gab es nicht die Möglichkeit, den Lauf der Dinge aufzuhalten; hier konnten wir nur entscheiden, ob wir die Gestaltung selbst in die Hand nehmen wollen oder sie anderen überlassen. Die Wirklichkeit hat ihre eigenen Gesetze. Eine wichtige politische Erfahrung für mich.
Die ersten freien Wahlen – unser großes Ziel – wurden zum Erfolg. Aber nicht für uns, sondern für die alte Blockpartei CDU. Die SPD blieb mit knapp 22 Prozent weit unter den Erwartungen, die im Bündnis 90 zusammengeschlossenen Oppositionsgruppen erreichen nicht einmal drei Prozent. Ich empfand dieses Ergebnis als schreiende Ungerechtigkeit. Aber es war der demokratische Wille der Wähler. Die Wahlbeteiligung lag bei 93 Prozent. Es tat weh, aber es half nichts. Angesichts der vor uns liegenden Aufgaben gab es nur einen möglichen Weg: Aufstehen und weitermachen. Das war meine vielleicht schwierigste Lektion in diesem turbulenten Jahr. Die SPD trat in eine Regierungskoalition ein, obwohl diese rein rechnerisch auch ohne die SPD möglich gewesen wäre. Verantwortung übernehmen, Politik gestalten, das war trotz des bitteren Wahlergebnisses der Wille der Mehrheit in der noch jungen Ost-SPD.
Was bleibt aus den Jahren 1989/90, ist die Erfahrung, dass Menschen gemeinsam die Kraft haben, die Welt zu verändern. Wir waren als neu gegründete sozialdemokratische Partei ein wichtiger Teil dieser Veränderung. Was bleibt, ist die Erfahrung, dass sich Verhältnisse ändern können, auch wenn sie viele Jahre lang als unumstößlich gelten. Was bleibt, ist die Erkenntnis, dass sich der Einsatz für Veränderung lohnt, selbst wenn er manchmal hoffnungslos erscheint. Was bleibt, ist die Gewissheit: Demokratie ist nicht allein die Sache von Partei-

en, Regierungen und Parlamenten. Demokratie braucht den mündigen Bürger. Der für mich wichtigste Impuls des Jahres 1989 war der Freiheitswille der Menschen – die Freiheit von Bevormundung und Gängelung, die Freiheit, dahin zu gehen, wo ich es selbst will, die Freiheit der eigenen Meinung und der eigenen Lebensgestaltung. Diesem starken Willen zur Freiheit muss die SPD immer verpflichtet bleiben.

# Matthias Müller

Ist die Gründung der SDP am 7. Oktober 1989 nur eine Episode gewesen, oder gibt es etwas, das noch nachwirkt? Stellt man die Frage kurz, dann wäre meine Antwort sicher, es war eine Episode, da die SDP, die in Schwante gegründet wurde, recht schnell in die (west-)deutsche SPD aufgegangen ist. Trotzdem ist aus meiner Sicht eine Rückbesinnung auf diesen Tag und die Ereignisse im Jahr 1989 sinnvoll und notwendig. Für das Verständnis der Wünsche und Ziele möchte ich etwas weiter ausholen.

Aufgewachsen bin ich in einer Pfarrersfamilie. Mein Vater war während des Nazi-Regimes als Mitglied der Bekennenden Kirche aber auch in der DDR immer wieder Repressionen ausgesetzt gewesen. Politische Diskussionen gehörten daher zum Alltag bei uns. Diese Erfahrungen haben mir eine gute Basis für mein eigenes Wertesystem und mein Urteilsvermögen gegeben. Sehr früh habe ich gelernt, dass man für eigene Überzeugungen auch Nachteile einstecken muss. Eine Erfahrung, die auch heute noch gilt und die stark machen kann. Auch wenn wir kein Westfernsehen hatten, so waren wir über den Deutschlandfunk und andere Sender sehr genau informiert, was in Westdeutschland geschah. Deshalb stand ich auch dem westdeutschen System kritisch gegenüber, da mir die Diskussionen kirchlicher Basisgruppen in Westdeutschland um die Nachrüstung, die Zwei-Drittel-Gesellschaft und deren Kapitalismuskritik nicht fremd waren. Willy Brandt und Helmut Schmidt haben mich beeindruckt. Politisch stand ich deren Ideen und Werten schon frühzeitig sehr nahe. Wenn mich auch später die Grünen aufgrund ihrer Ideen und Spontaneität sehr beeindruckten.

Ein einschneidendes Ereignis, welches mich sehr geprägt hat, war 1968 der Einmarsch der Truppen des Warschauer Paktes in die Tschechoslowakei. Dieses Ereignis zeigte mir frühzeitig, dass es wohl keine grundlegende Änderung in der DDR geben kann. Viele hatten damals gehofft, dass ein Sozialismus mit menschlicherem Antlitz möglich wäre. So blieb es bei kleinen Protesten gegen die bestehenden Verhältnisse, wie zum Beispiel nicht zur Wahl zu gehen oder durch Eingaben an den Staatsrat seinen Unmut zu verschiedenen Problemen zu äußern, ohne dass eine Hoffnung bestand, dass dadurch sich wirklich etwas ändert.

Anfang der 1970er-Jahre hatten wir in der Evangelischen Studentengemeinde in Dresden Diskussionen, ob wir nicht stärker gesellschaftlich aktiv werden sollten, um die Politik in der DDR zu beeinflussen. Im Ergebnis sind einige Mitglieder der Studentengemeinde in die CDU eingetreten. Für mich war das kein Schritt, den ich mit gutem Gewissen hätte gehen können. War die CDU in der DDR wie alle anderen Blockparteien auch ein Feigenblatt, um angeblich demokratische Verhältnisse zu demonstrieren. Mitglied einer Partei zu sein, bedeutete für mich damals, sich gleichschalten zu lassen, auf die Freiheit der eigenen Meinung zu verzichten. Gerade aber in der Studentengemeinde und später in kirchlichen Friedens- und Menschenrechtsgruppen, in denen ich in der zweiten Hälfte der 1980er-Jahre aktiv war, hatte ich die Freiheit gefunden, meine Meinung zu sagen und mit anderen auszutauschen. Mit unseren polnischen Freuden, insbesondere mit dem Journalisten Adam Krzeminski, haben wir nächtelang über die Folgen der Ereignisse in Polen, über die Gründung der unabhängigen Gewerkschaft Solidarnosz und was das für die DDR bedeuten könnte, gesprochen. Der wichtigste Impuls kam aber von der Ökumenischen Versammlung, hier der Arbeitsgruppe „Mehr Gerechtigkeit in der DDR". Ich habe mit anderen ein eigenes Papier über notwendige Veränderungen in der DDR geschrieben. Da ging es um den Wahrheitsanspruch der SED, die Forderung nach einer pluralistischen Gesellschaft und eine Veränderung der Wirtschaft.

Über die gute Vernetzung der Friedens- und Menschenrechtsgruppen in der DDR wie zum Beispiel über die Treffen „Frieden konkret" hatten wir schon längere Zeit Kontakt zu Markus Meckel gehabt. Dem Gründungsaufruf für die SDP von Markus

Meckel und Martin Gutzeit im August 1989 konnte ich aber zuerst nicht viel abgewinnen. Eine Partei zu diesem Zeitpunkt zu gründen schien mir aufgrund meiner Erfahrungen in der DDR nicht der richtige Weg. Ich sah zu dem Zeitpunkt nicht, wie eine solche Partei in der DDR wirklich offen arbeiten und in der Gesellschaft wirken könnte. Bisher hatten wir unter dem Dach der Kirche, also unter einem gewissen Schutz, gearbeitet, Missstände angeprangert – so die Fälschungen der Kommunalwahlen im Jahr 1989 – oder gegen den Bau des Reinstsiliziumwerkes in Dresden-Gittersee protestiert. Im August 1989 hätte eine Gründung einer unabhängigen Partei aber bedeutet, dass diese sofort verboten und bekämpft worden wäre und dass man in den Untergrund hätte gehen müssen. Auch wurde der Druck seitens des Staates über den Betrieb, in dem man arbeitete, ausgeübt, bis hin zum Berufsverbot. Dies erschien mir zu gefährlich, hatte ich doch Verantwortung für meine Familie mit vier Kindern. Kirchliche Mitarbeiter wie Pfarrer waren in dieser Hinsicht weniger angreifbar.

Im September 1989 wurde die Situation in der DDR immer unerträglicher, die Ausreisewelle wurde immer stärker, die wirtschaftliche Situation verschlechterte sich zunehmend, die DDR wurde durch die Unfähigkeit der SED und der Blockparteien, die Probleme zu lösen, immer weiter destabilisiert. Aktiveres Handeln war geboten, viele sind aus der Anonymität herausgetreten. Damit wuchs auch bei mir die Bereitschaft, aus dem Schutz der Kirche herauszutreten, etwas „Verbotenes" zu tun. Friedrich Schorlemmer sprach meine Frau Mitte September an – sie hatte sich ähnlich engagiert wie ich –, ob wir nicht den Demokratischen Aufbruch mit gründen wollten. So sind wir Ende September nach Berlin gefahren. Die Geschichte ist bekannt, es ist nicht zur Gründung gekommen. Die Stasi hatte das Treffen weitgehend verhindert. An diesem Abend sprach uns dann Markus Meckel an, ob wir am nächsten Wochenende, am 7. Oktober, dem 40. Jahrestag der DDR, die SDP mit gründen wollten. Zu der Zeit waren die inhaltlichen Vorstellungen der verschiedenen Initiativen kaum voreinander zu unterscheiden, kamen die Gründer dieser Initiativen doch meist aus den kirchlichen Basisgruppen. Die Differenzierung setzte erst später, Ende 1989, ein. Da etwas geschehen musste, stand die Frage Partei oder nicht, nicht mehr im Vordergrund. Wichtig war das Vertrauen in die Personen, die die Initiativen vorantrieben. Wir sagten nach kurzem Überlegen ja. So ist es eher Zufall denn eigenes Ziel gewesen, bei der Gründung der SDP mit dabei gewesen zu sein.

Der Ort für die Gründung wurde uns nicht mitgeteilt, es wurde nur ein Treffen auf dem Bahnhof Berlin-Schönefeld am 7. Oktober vereinbart. Dort trafen wir Ibrahim Böhme und Angelika Barbe, die uns den Ort Schwante nannten. Dorthin sind wir ohne Probleme gekommen. Nach reiflicher Überlegung haben meine Frau und ich die Gründungsurkunde mit unterzeichnet und meine Frau gab ihren Namen sowie Dresdener Adresse als Anlaufstelle für mögliche Interessenten an einer Mitarbeit an. War sie als kirchliche Mitarbeiterin doch etwas besser geschützt. Gleichzeitig sprach Markus Meckel mich auf der Gründungsversammlung in Schwante an, ob ich nicht im Vorstand mitarbeiten wolle. Das habe ich nach reiflicher Überlegung abgelehnt. Meine Arbeit verlangte häufige Außentätigkeit, Spätschichten und Wochenendarbeit. So wäre eine Mitarbeit im Vorstand auch bei der Entfernung Dresden-Berlin unrealistisch gewesen. Eigentlich schade, war doch der Vorstand dann sehr von Berlinern dominiert.

In Dresden war die Situation von den vielen Verhaftungen bei den Ereignissen am Dresdner Hauptbahnhof bestimmt. Die Dokumentation dieser Ereignisse hatte die Dresdner Gruppen zu dieser Zeit geprägt, so dass wir erst in der zweiten Oktoberhälfte mit der Informationsarbeit zur SDP begannen. Aufgrund der Kontaktadresse kamen schon eine Reihe von Personen zu uns, mit denen wir gemeinsam versuchten, die Partei und die Idee publik zu machen. Es setzte eine Eigendynamik ein, die zur Gründung des Stadtverbandes Dresden führte. Sehr gut erinnere ich mich auch an unsere große Informationsveranstaltung Ende November mit etwa 1000 Besuchern im Kultur-

palast Dresden. Dabei war die Gründung der SDP nicht gegen die anderen Gruppen der Oppositionsbewegung in der DDR gerichtet, sondern sie war Teil dieser Bewegung. Das halte ich für sehr wichtig, denn Partei, so wie wir sie gegründet haben, heißt auch mit anderen zusammenzuarbeiten. Offenheit für Bündnisse, um gemeinsame Ziele zu erreichen, ist aus meiner Sicht ein wichtiges Element dieser Bewegung gewesen.
Zurückblickend muss ich sagen, die Gründung der SDP war richtig, um beizutragen, das System der DDR mit zu Fall zu bringen. Entscheidend war aber der tausendfache Protest der Menschen auf der Straße und nicht die Gründung der SDP oder deren Wirken danach. Wir waren nämlich nicht in der Lage, Änderungen für unsere Gesellschaft so zu gestalten, dass sie auf unseren Erfahrungen und unserer Herkunft basiert hätten. Dazu fehlte der SDP die Basis in der Bevölkerung. Dies wurde durch die ab November beginnende Diskussion um die Einheit und das Versprechen von Helmut Kohl, dass wir durch die Einheit Wohlstand und Freiheit ohne weitere eigene Leistung bekommen könnten, nahezu unmöglich gemacht worden. Man kann mit Fug und Recht sagen, die Entwicklung zur Deutschen Einheit ist über uns hinweggebraust. Wir hatten kaum Zeit, uns selbst zu finden, in organisatorischer wie in inhaltlicher Hinsicht. Dies alles führte dazu, dass das System Westdeutschlands im wesentlichen übernommen wurde. Dies spiegelte sich auch in Personen wider. Anke Fuchs kandidierte in Sachsen für das Amt des Ministerpräsidenten. Dieser Import stand für mich im Gegensatz zu meiner Vorstellung, dass die Ostdeutschen ihre Geschichte auch nach dem Mauerfall selbst in die Hand nehmen. Die Kandidatur ist beispielhaft auch für die Besetzung von leitenden Positionen in der Verwaltung, zum Teil auch in der Industrie, und diese Machtverteilung setzt sich fort bis heute. Schaut man sich auch heute die Anzahl Ostdeutscher in den Ministerien der neuen Bundesländer an, die leitende Posten bekleiden, dann wird sehr schnell klar, dass Ostdeutsche kaum eine Chance hatten bzw. haben. So gibt es bis heute auch in den ostdeutschen Länder-

büros bei der Europäischen Union nicht einen ostdeutschen Leiter. So etwas wäre in Bayern oder Baden-Württemberg undenkbar. Die Kritik trifft alle Parteien, die in Ostdeutschland Regierungsverantwortung hatten oder haben. Im Grunde ist es eine Diskriminierung aufgrund der Herkunft unter dem Vorwand fehlender Qualifikation.

In dieser Westbestimmtheit, in der fehlenden Selbstbestimmung sehe ich auch einen Grund für die Schwäche der SPD in Ostdeutschland, besonders in Sachsen. Sicher, gegen Kurt Biedenkopf anzukommen war sehr schwer, da war auch keine entsprechende Persönlichkeit vorhanden, die es mit ihm aufnehmen hätte können. In der Bevölkerung Ostdeutschlands wird die SPD im Wesentlichen aber als Bundespartei wahrgenommen, ihr wird übelgenommen, dass sie am Anfang nicht klar für die Einheit war. Diese Haltung habe ich damals selbst mit unterstützt, weil ich an eine Selbstbestimmung und die daraus resultierende Gestaltung des zukünftigen Deutschlands aus der Erfahrung der Wende heraus geglaubt habe. Insofern stimmt es wohl, wenn Michael Richter in seinem Buch „Die friedliche Revolution" geschrieben hat, ich sei ein Reformsozialist, denn ich wollte das System der DDR aus eigenen Kräften verändern. Der Traum war eine sozial-gerechte Gesellschaft, die keinen zurücklässt, also keine Zweidrittelgesellschaft. Dieses SDP-Ziel einer gerechten Gesellschaft, das auch mein Ziel war und ist, gilt noch heute.

Die SDP wollte den Menschen, die unter einer ungerechten Situation gelitten haben, eine Stimme geben. Dies hat Markus Meckel in seinem programmatischen Vortrag in Schwante als Ziel gesetzt. Im Dreiklang sozial, demokratisch und ökologisch war das soziale sicher das wichtigste. Die Wirtschafts- und Finanzkrise hat die Schieflage, in der wir uns schon seit längerem befinden, deutlich gemacht. Wirtschaftliche Interessen standen und stehen auch jetzt noch im Vordergrund. In politischen Äußerungen wird betont, dass ein neues Gleichgewicht für die soziale Marktwirtschaft gefunden werden müsse. Tatsächlich passiert aber kaum etwas. Die Liberalisierung des

Marktes schreitet noch weiter fort, ohne dass deren Folgen in unserem Land, in Europa oder auch in der Dritten Welt als Fehler erkannt würden und ohne die Erkenntnis und den Willen, hier eine radikale Veränderung herbeizuführen. Ich erlebe das auch in den Diskussionen, die in Brüssel geführt werden. Es war für mich enttäuschend, dass bei einer Veranstaltung über das Verhältnis von Binnenmarktfreiheiten und sozialen Rechten, die ich organisiert hatte, die SPD aus Sachsen nicht Veranstalter sein wollte. Es war der DGB, der sofort zusagte und die Veranstaltung gemeinsam mit polnischen und tschechischen Gewerkschaftern durchführte. Das erweckt den Eindruck, dass die Gewerkschaften sich den sozialen Fragen stärker annehmen als die SPD. Das mag nicht typisch sein. Stellt aber doch die Frage, ob wir immer auf der Seite der Schwachen stehen. Wie stehen wir zu dem Satz von Markus Meckel: „Humane Ziele und nicht allein der Profit müssen wirtschaftliche Entwicklung lenken". Das stellt auch die Frage nach den Bündnispartnern in der Gesellschaft auf lokaler Ebene, Landes- oder Bundesebene sowie europäischer Ebene. Als Bündnispartner kommen hier nicht nur die Gewerkschaften, sondern – mindestens ebenso wichtig – die Sozialverbände und Bürgerinitiativen in Frage.
Dazu ist es wichtig, dass die Entfernung zwischen Bevölkerung und Partei, besonders aber deren Mandatsträgern, nicht zu groß wird. Die Partei muss in der Bevölkerung verwurzelt sein. Deshalb war damals in Schwante festgelegt worden, dass die Mandatszeit begrenzt sein sollte – man wieder in den Beruf zurückkehrt. Leider hat sich dieser Gedanke nicht durchsetzen können. Quereinsteiger, die einen engen Bezug zur gesellschaftlichen Wirklichkeit haben, haben es oft schwer. Parteikarrieren beginnen meist schon im jugendlichen Alter, so dass ein Bezug zur Realität des Lebens gerade ärmerer Schichten fehlt. Man hat der SDP vorgeworfen, sie sei von Pfarrern initiiert und von Ingenieuren und Naturwissenschaftlern dominiert gewesen. So schlecht war das nun auch wieder nicht. Beide Berufgruppen, Pfarrer und Ingenieure, wussten

durch ihre Arbeit, was der „einfache Mann“ dachte. Heute ist die Partei, zumindest bei den Mandatsträgern, dominiert von Juristen und Politikwissenschaftlern. Das sind Berufsfelder, die fern von der Lebenswirklichkeit der normalen Arbeiter oder Angestellten sind. Hier bleiben Wünsche für die Zukunft offen.

Traurig stimmt mich, dass es nicht gelungen ist, eine gemeinsame Diskussion über Werte und Ziele des gemeinsamen Deutschlands zu führen und so den Deutschen eine neue Verfassung zu geben, die Einheit also aktiv zu gestalten. Diese Diskussion war im Wesentlichen auf das Gebiet der DDR und auf westdeutsche Linke beschränkt. Ich kann mich noch gut an die vielen Diskussionen im DDR-Fernsehen dazu erinnern. Dieser basisdemokratische Impuls hätte dem vereinten Deutschland sicher gut getan. Auch heute wird die Frage nach stärkerer Bürgerbeteiligung strittig diskutiert. Eine Rückbesinnung auf die damaligen Diskussionen und Ziele von Schwante wäre gut.

Am Anfang hat es sicherlich auch auf der westdeutschen Seite aufgrund der Schnelligkeit der Ereignisse eine Überforderung gegeben. Mitte Oktober 1989 war ich zu einem Verwandtenbesuch unter anderem in Hamburg. Vor dem Hintergrund der Städtepartnerschaft Hamburg-Dresden ging ich zum Landesverband der SPD in Hamburg. So ungläubig bin ich noch nicht angeschaut worden. Man konnte mit jemandem, der behauptete, in der DDR eine sozialdemokratische Partei mitgegründet zu haben, gar nichts anfangen. Oder, zum Tag der deutschen Einheit 1990, als die deutsche Gruppe (SPD) der sozialistischen Fraktion im Europäischen Parlament feierte. Dort war ich wohl der einzige Ostdeutsche. Ich hatte das Gefühl, die Wende, die Gründung der Sozialdemokratie in Ostdeutschland sind von anderen gemacht worden, nicht von den Ostdeutschen. Zur Ehrenrettung muss ich allerdings sagen, es gab auch andere Erlebnisse. So habe ich bei meinen Besuchen und Gesprächen gute Erfahrungen zum Beispiel mit Andreas von Bülow, Gert Weißkirchen oder auch Barbara und Jochen

Dieckmann in Bonn oder Harald Zintl in Regensburg gemacht, die sehr sensibel auf uns Ostdeutsche mit unseren eigenen Erfahrungen reagiert haben.

Auch wenn nicht alles so gelaufen ist, wie ich mir es damals vorgestellt habe, bin ich doch froh, wenigstens einen kleinen Teil zur Veränderung in der DDR und in Ostdeutschland beigetragen zu haben. Besonders die jetzt nachgewachsene Generation kann unbeschwerter mit der Situation umgehen und selbst neue Wege finden. Insofern wird sich auch der Ost-West-Gegensatz auflösen.

Mitglied einer Partei zu sein, bedeutet für mich immer noch nicht, Dinge unkritisch zu übernehmen, sondern sie immer wieder zu hinterfragen. Kurzzeitig war ich Vorsitzender des Landesparteirates von Sachsen. Ich erinnere mich noch sehr gut an die Diskussionen, dass wir als Gremium nicht dazu da seien, die Vorstellungen des Vorstandes kritisch zu hinterfragen. Immerhin, nach langen Diskussionen gelang es mir, diese Haltung ein wenig aufzubrechen. Die Turbulenzen der Ereignisse 1989/90 haben der jungen Partei zu wenig Zeit gelassen, um diese kritische Diskussion von unten ausreichend zu führen. Genau diese Diskussions- und Streitkultur, die wir in den unabhängigen Gruppen der DDR hatten, halte ich aber für eine Programmpartei wie die SPD für unerlässlich.

Was bleibt nun von den Erfahrungen der Wende, von dem Aufbruch von Schwante übrig? Es sind für mich drei Dinge. Einmischen lohnt sich, Engagement für die Gesellschaft braucht Mut und Gleichgesinnte, die man nicht nur in der eigenen Gruppe oder Partei findet, und es gilt, immer wieder Mauern und Grenzen einzureißen und gegen Unrecht aufzutreten.

# Arndt Noack

Dem Initiativpapier zur SDP-Gründung, welches Markus Meckel und Martin Gutzeit mir am 25./26. August 1989 bei einer Veranstaltung zum 200. Jahrestag der Erklärung der Menschenrechte der Französischen Revolution zum ersten Mal zeigten, konnte ich sofort aus vollem Herzen zustimmen. Wir kannten uns seit Anfang der 1970er-Jahre, durch das Studium am Sprachenkonvikt Berlin, durch mehrere private philosophische Arbeitskreise bei unserem Philosophiedozenten Jörg Milbradt und durch gemeinsame Aktivitäten in der Studentenvertretung unserer kirchlichen Hochschule. Auch in den Jahren nach den theologischen Examen verloren wir uns nicht aus den Augen und trafen uns zu philosophischen Arbeitskreisen in Berlin, etwa mit Assistenten des West-Berliner Hegelforschers Michael Theunissen oder zum Arbeitskreis „Theologie und Philosophie“, der auch die Tagung am 26. August 1989 in den Räumen der Berliner Golgatha-Gemeinde vorbereitete. Bei unseren Treffen kamen natürlich auch die tagespolitischen Fragen und das Friedens- und Umweltengagement in unseren Kirchgemeinden zur Sprache. Wir waren Freunde, die sich gut kannten und die füreinander die Hand ins Feuer hätten legen können. Von der Parteigründungsinitiative wusste ich aus einem Telefonat mit Martin nur, das etwas „im Busch“ war, nahm mir aber im Frühjahr '89 leider nicht die Zeit, zu den beiden nach Mecklenburg zu fahren. Umso überraschender und überzeugender war dann für mich ihr Text. Drei Punkte möchte ich herausheben:

Der wichtigste Satz war zweifellos: *Die notwendige Demokratisierung unseres Landes hat die grundsätzliche Bestreitung … (des) absoluten Wahrheits- und Machtanspruchs (der SED) zur Voraussetzung.* Das war im Vergleich mit allen anderen dann folgenden Papieren und Gründungsaufrufen der Wende die klarste Zeitansage, worum es im Herbst 1989 ging: Nicht um einzelne Verbesserungen, Dialog und Gerede, wofür sich ja dann sogar Herr Krenz einsetzte, sondern um die Machtfrage, um die Abschaffung eines aus sich selbst heraus nicht mehr reformierbaren, in sich geschlossenen Systems. Die beabsichtigte Gründung nicht einer Gesprächsplattform, sondern einer sozialdemokratischen Partei, sprach nicht nur der SED ihren Anspruch ab, sich zu Recht auf sozialdemokratische Traditionen zu berufen, sondern war durch ihre Organisationsform eine weitere Infragestellung der SED-Alleinherrschaft. Das lange Ignorieren der SDP-Initiative und -Gründung im „Neuen Deutschland" und in den abhängigen Vasallenblättern deutet darauf hin, dass sie der stärkste Stachel im Fleisch der SED war. Was einem heute wie eine Binsenweisheit vorkommt, hatte ich vorher nie, auch nicht in irgendeinem Oppositionspapier in der DDR gelesen. Auch in den für die Wende wichtigen Papieren der Versammlung des „Konziliaren Prozesses für Frieden, Gerechtigkeit und Bewahrung der Schöpfung" in Dresden vom 12. bis zum 21. Mai 1989 wurde nicht so klar formuliert. Zu tief hatte sich wohl die Phrase vom Führungsanspruch der SED selbst in die Köpfe kritischer Intellektueller eingefressen. Was scheinbar alle Spatzen von den Dächern pfeifen, muss erst einmal ausgesprochen werden. Dieses große Verdienst haben sich Markus und Martin für den gesamten Wendeprozess erworben.

Eine weitere für den DDR-Bürger ungewohnte Formulierung stand im Text unter Punkt 7, Stichworte zum Programm: „Soziale Marktwirtschaft mit Monopolverbot". Bei meinen Vorstellungsveranstaltungen der Gründungsinitiative im Herbst 1989 in den Nordbezirken war dies, neben der immer größeren Bedeutung der deutschen Frage, der Hauptdiskussionspunkt. Offenbar hatten sich noch nicht viele DDR-Bürger wirklich mit Alternativen zur Planwirtschaft auseinandergesetzt und sahen in dieser Formulierung etwas Bedrohliches. Ich musste deshalb extra ein Informationsblatt entwerfen, in dem Marktmechanismen erklärt und zum Beispiel erläutert wurde, dass sich auch staatliche Betriebe marktwirtschaftlich verhalten können. Das Initiativpapier betont, dass eine Marktwirtschaft intendiert ist, die durch staatliche Rahmengesetzgebung sozial und ökologisch orientiert und weltweit gerecht ist. Großen

Raum nimmt in dem dreieinhalb-seitigen Papier als Voraussetzung der Demokratisierung die Entmonopolisierung der Macht in Staat und Gesellschaft ein; eine Demokratisierung des Wirtschaftslebens u. a. durch betriebliche Mitbestimmung und Gemeinwirtschaft wird angestrebt. Mit dem Aufzeigen dieser marktwirtschaftlichen Perspektive war das Initiativpapier im Vergleich zu den Texten der anderen Oppositionsgruppen, die sich dann in Kenntnis dieses Papiers im September, Oktober 1989 gründeten, realistischer und durchdachter. Keine dieser Gruppen nimmt das Wort Marktwirtschaft „in den Mund". Selbst in der programmatischen Erklärung des „Demokratischen Aufbruchs", der sich nachher mit der CDU zusammenschloss, wird nur vage vom „Zusammenspiel von Plan und Markt" gesprochen.

Einzig in der deutschen Frage konnte ich mit dem Papier nicht konform gehen. Markus und Martin hatten geschrieben: „Anerkennung der Zweistaatlichkeit Deutschlands als Folge der schuldhaften Vergangenheit". Heinz Galinsky war nur beizupflichten, wenn er solch einen Hinweis auf die Ursachen der deutschen Teilung in der Präambel des Einigungsvertrages vermisst hatte. Aber ich hatte neben Äußerungen von Martin Walser auch den Spiegel-Artikel (49/1988) „Die deutsche Nation als Gefühl" des DDR-Schriftstellers Rolf Schneider gelesen und ahnte, was für eine Sprengkraft gerade diese Frage vor allem für die ältere Generation haben könnte. Ich sagte meinen Freunden, dass ich mitmachen würde, wenn dieser Punkt geändert würde. In der Eile hängten wir obigen Satz noch den Nachtrag an: „Mögliche Veränderungen (der Zweistaatlichkeit) im Rahmen einer europäischen Friedensordnung sollen damit nicht ausgeschlossen sein." Richtig an diesem Nachtrag war sicher, dass die Friedensfrage der „deutschen Frage" übergeordnet wurde. Bei den Vorstellungsveranstaltungen im Wende-Herbst erwies sich diese vorsichtige Formulierung dann aber als zu unentschieden. In der nachträglichen Bewertung wird freilich oft vergessen, dass zu dieser Zeit noch 380 000 Soldaten der „Bruderarmee" im Land standen und erst Ende

Februar 1990 die Zughörigkeit eines vereinten Deutschlands zur NATO überhaupt vorstellbar wurde. Angesichts der hohen Flüchtlingszahlen war für mich Anfang Dezember klar, dass entschlossene Schritte zur deutschen Einheit gemacht werden mussten.

In einer Gaststätte am 26. August drängte ich darauf, dass wir die Initiative zur SPD-Gründung noch an diesem Wochenende vorstellten. Die Zeit war reif und ein Datum mit mehr Symbolkraft als der Jahrestag der Erklärung der Menschenrechte der Französischen Revolution lies sich schwer finden. Meiner Erinnerung nach war ich es, der dann auch noch vorschlug, den charismatischen, liebenswürdigen Manfred Böhme, alias Ibrahim, mit ins Boot zu holen. Das war naiv von mir, da wir Böhme nicht wirklich kannten. Bei der Verabschiedung nach der Tagung sagte uns Marianne Birthler: „Die Gründungsinitiative fällt wie ein reifer Apfel vom Baum“. Ich versteckte die Papiere im Boden meines Autos und bereitete meine beiden mitfahrenden Kinder im Alter von 8 und 11 Jahren auf meine, möglicherweise auf unserer Fahrt nach Greifswald stattfindende Verhaftung vor.

Im Nachhinein scheint mir am Zustandekommen dieses wichtigen Wendetextes, dass er von zwei ungewöhnlich theoretisch gebildeten Personen verfasst wurde. Auch für Studenten der freieren kirchlichen Hochschulen in der DDR war ein so besonderes philosophisches Interesse nicht alltäglich. Nach dem Studium nahmen Markus und Martin sich noch ein Jahr frei, um zusammen u. a. Hegels „Wissenschaft der Logik“ sowie dessen „Rechtsphilosophie“ zu studieren. Als mecklenburgische Dorfpfarrer lernten sie dann sicher auch genug praktische Arbeit kennen und traten als Aktivisten der Friedensbewegung in Erscheinung, aber sie betrieben ihre philosophisch-theologischen Studien regelmäßig weiter. Das gerade, solche distanzierte, „zweckfreie“ Reflexion notwendig ist, um die Grenzen des herrschenden Denkens und die Eingebundenheit in die Zeit zu überwinden, scheint mir heute eine wichtige Erinnerung.

Um eine Wahrheit auszusprechen, ja schon um sie zu erkennen, bedarf es freilich nicht nur der theoretischen Reflexion sondern auch der Gewissensfreiheit. Es ist für mich nicht zufällig, dass viele der Aktivisten der Wende zur protestantischen Kirche gehörten und wir sehr viele Mitglieder der anderen Gründungsinitiativen kannten. Zum zwanzigsten Jahrestag des Mauerfalls, als Angela Merkel für einen Gang über die Bornholmer Brücke mit Michail Gorbatschow und Lech Walesa Wendeaktivisten eingeladen hatte, hätte man im Zelt, in dem sich alle zu Beginn trafen, auch gut und gern einen Choral anstimmen können, so viele ehemalige Pastoren oder Kirchenmitglieder hatten sich versammelt. Wohl gemerkt, nicht die verschiedenen evangelischen Landeskirchen hatten der schleichenden Zersetzung der Gewissensfreiheit widerstanden, deren gängige Methoden zum Beispiel Angsterzeugung vor Benachteiligung, Unterstützung von Privilegienwirtschaft und Komplizenschaft durch Tatbeteiligung waren. Sicher, die einzelnen Landeskirchen haben unterschiedlich agiert und hatten zum Teil aufrechte, gradlinige Repräsentanten. Aber im Interesse ihres institutionellen Überlebens waren sie doch oft daran beteiligt, die Zersetzung von Gewissensfreiheit zu vertuschen und zu verschweigen. In der „Gewissensreligion" des Protestantismus selber, in der individuellen Rechtfertigung und Annahme von Leistungs- und Anpassungsdruck, in dem Geschenk der Glaubensfreiheit, liegt der Grund der Gewissensfreiheit. Die Gewissensfreiheit geht aus der Glaubensfreiheit hervor und kommt Gläubigen wie Ungläubigen zu Gute, schreibt Wolfgang Ullmann. Gewissensfreiheit entsteht nicht auf dem Boden des Liberalismus und der Indifferenz, sondern auf dem der authentischen Religionen.

Was die Forderung von Markus und Martin hinsichtlich einer ökologisch orientierten sozialen Marktwirtschaft mit Monopolverbot und einer weltweiten Gerechtigkeitsperspektive betrifft, so bleibt sie eine zu erfüllende Aufgabe. Kaum jemand in der DDR hatte sich vorstellen können, welche fast alles entscheidende Rolle Geld in der westlichen Gesellschaft spielte.

Eine gerechte, gemäßigte, marktwirtschaftliche Gesellschaft, etwa nach dem Vorbild der skandinavischen Staaten, die wirtschaftliches Wachstum nicht zur heiligen Kuh erklärt, sondern politische Ziele wie Gerechtigkeit und Chancengleichheit ebenso akzeptiert, schien im Bereich des auch in Deutschland Verwirklichbaren. Die West-SPD war auch deshalb für protestantische Christen in der DDR so anziehend, weil man sich mit Willy Brandt als Vorsitzendem der Nord-Süd-Kommission Fortschritte hinsichtlich der globalen Gerechtigkeit und damit des Friedens versprach.

Sicher, für die meisten Ausreisewilligen aus der DDR, die im Sommer 1989 den größten Druck auf das DDR-Regime ausübten, war die Teilhabe am westlichen Wohlstand ein zentrales Motiv. Auch die DDR-Ideologen hatten, in bemerkenswerter Parallele zu der in der westdeutschen Gesellschaft seit der Wirtschaftswunderzeit verbreiteten Illusion eines unbegrenzt steigenden Wohlstands die „immer bessere Befriedigung der Bedürfnisse" propagiert. Aber dass Politik, selbst unter dem Druck des Globalisierungsargumentes, sich so sehr zum fremdbestimmten Erfüllungsgehilfen des bedingungslosen Wirtschaftswachstums machen konnte und dabei mitwirkte, den Wohlstand fast als einziges Kennzeichen von Lebensqualität zu qualifizieren, war uns damals schwer vorstellbar gewesen.

Wie Platon Sokrates in der „Apologie" trocken sagen lässt, entsteht aus Reichtum keine Tugend (*arete*), „sondern aus Tugend Reichtum und alle anderen menschlichen Güter", so zeigte sich die Einseitigkeit und Gefahr einer auf Wirtschaftswachstum und „blühende Landschaften" fixierten Politik spätestens in der unsäglichen Asyldebatte in der ersten Hälfte der 1990er-Jahre. Ich halte sie heute für eine Alibi-Veranstaltung für nicht verarbeitete wirtschaftliche Ängste im Vereinigungsprozess. Die systematische Kampagne, die die Asylfrage als das scheinbar wichtigste innenpolitische Thema in Deutschland aufbauschte, führte zum Mord an etwa 100 Ausländern und verspielte den internationalen Bonus der gewaltfreien Revolution in Kürze. Auch das Erschrecken und der Protest über die unmenschlichen Terroranschläge am 11. September 2001 mit denen ihnen folgenden Kriegen in Irak und Afghanistan, die tausendfaches menschliches Leid und tausende Milliarden an Militärausgaben zur Folge haben, darf nicht vergessen, das die Anschläge auch die Quittung einer einseitig an wirtschaftlichem Wachstum und wirtschaftlicher Vormachtstellung ausgerichteten Politik sind. Die Banken- und Wirtschaftskrise ab Sommer 2008 zeigte, dann überdeutlich, wie abhängig sich der Staat, die Staatengemeinschaft, durch versäumte Rahmengesetzgebung und Monopolverbote und durch Überschuldung gemacht hatte. Während die ökologische Erneuerung der Gesellschaft seit der Wende, auch Dank der rot-grünen Koalition, bescheidene Fortschritte gemacht hat, scheint die Blindheit gegenüber den innen- und außenpolitischen Gefahren unsozialen, weltweit ungerechten und demokratisch kaum mehr beeinflussbaren Wirtschaftens eher größer geworden zu sein. Im Sinne des Initiativpapiers müssen deshalb Perspektiven der Gerechtigkeit für eine wirkliche „ökologisch orientierte soziale Demokratie“ entwickelt werden.

Das wir im Herbst 1989 etwas Einmaliges, einmal im Leben Vorkommendes erfuhren, verstand ich so recht erst in der Nacht des 9. zum 10. November. Ich rief meine Frau an, dass sie die Kinder ins Auto packen sollte und wir uns in Berlin treffen wollten, weil so etwas nur alle 40 Jahre vorkäme. Am nächsten Tag stapfte ich dann mit hunderttausend Ost-Berlinern über den Kuhdamm und bewunderte die Geduld der West-Berliner Bevölkerung. Erst da hatte ich so richtig begriffen, dass wir einen *Kairos*, erlebten, eine Gunst des Augenblicks. Dass der Kairos in der griechischen Mythologie ein Gott ist, besagt, dass der günstige Zeitpunkt nicht einfach von Menschen herstellbar ist. Er ist Geschick und verhilft uns zur Bescheidenheit. Freilich, man kann die Gelegenheit beim Schopf packen oder auch nicht. Ein Kennzeichen des Kairos ist wohl, dass plötzlich eine öffentliche Sprache gefunden und gesprochen wird, die alle verstehen. Es war für mich im Wendeherbst ergreifend zu

erleben, wie bei den Friedensgebeten in den vollen Kirchen die Sprache die Menschen wieder verbinden konnte. Die Bibelworte, die alten Worte der Liturgie, das Kyrie, die Fürbitten, das Vaterunser erreichten für kurze Zeit ganz verschiedene Menschen und Schichten, die die Kirche zum Teil schon lange verloren hatte. Und auch bei der Demonstration der Kulturschaffenden am 4. November auf dem Alexanderplatz, der wir im Radio begeistert zuhörten, sprachen Schiller, Brecht und die Schauspieler in ihren Manifesten auf einmal die gleiche Sprache. Gegenüber dem Sprachloswerden, dem Gequassel und dem Gruppenjargon ist es für mich seitdem zentral, dass wir uns immer wieder, gerade auch in den Parteien, um eine öffentliche Sprache bemühen. Wo wir aufhören, rückhaltlos miteinander zu reden, entstehen wieder Mauern und Grenzen, wie sie die Wende gerade abgeschafft hat. Das Papier von Markus und Martin war in seiner Durchdachtheit und Klarheit für den Wendeherbst vielleicht die wichtigste Hilfe, dass der Kairos beim Schopf gepackt werden konnte.
Eine andere wichtige Erfahrung war für mich, das andere Milieu, in das ich als Studentenpfarrer durch meine SPD-Mitgliedschaft eintrat. Sicher hätte ich auch bei „Demokratie Jetzt" oder bei den Grünen mitmachen können und eine rot-grüne Perspektive war für mich seit der Wende die gegebene politische Richtung. Trotzdem war ich sehr froh, nicht wieder in einem rein intellektuellen Milieu mitzuarbeiten, wie ich es sonst hatte. Sicher, ein sozialdemokratisches Milieu, wie es vor der Zwangsvereinigung existiert hatte, gab es nur noch in Spuren. Aber es gab doch noch den einen oder die andere, die in ihrer Familiengeschichte sozialdemokratische Wurzeln hatten. Und es gab sehr verschiedene, bodenständige Menschen, die sich von der SPD angezogen fühlten. Das man die Lebenswünsche so verschiedener Menschen kennenlernen kann, fördert den Realitätssinn und bewahrt vor idealistischem Wunschdenken. Im 1. Entwurf der „Grundaussagen des Programms der SDP" vom 10. Januar 1990 wird als Spezifikum sozialdemokratischer Politik gerade die Vermittlung der Bedürfnisse und Inte-

ressen des Einzelnen und der Gesamtheit genannt. Solche Politik steht im Gegensatz zu einer einseitigen Orientierung an den Interessen der Individuen (Liberale und Neokonservative) oder an gesamtgesellschaftlichen Ordnungsmodellen (Rechte oder ideologisch fixierte Linke). Es ist heute eine große Aufgabe und Chance, die SPD für die verschiedenen neuen Milieus und Gruppierungen in unserer Gesellschaft zu öffnen und ins Gespräch zu bringen.

Eine letzte Erfahrung möchte ich benennen: Am 18. März 1990 half ich mit einem guten Freund die Stimmen in einem Wahllokal in Greifswald auszuzählen. Wir waren fassungslos, wie viele Stimmen wir für die PDS und die CDU stapelten. Aber dann fiel mir ein, dass ich ja das genau so gewollt hatte, eine freie Wahl, und dass auch meine Partei eine unter anderen ist, die sich nicht für das Ganze halten sollte und auch nicht die Wahrheit gepachtet hat. Und ich habe mich gefreut in einem Land zu leben, in dem freie Wahlen jetzt möglich sind, und wir haben ein Foto gemacht, das ich mir auch heute noch gern ansehe.

# Rolf Schmachtenberg

Mit dem Umbruch im Osten Deutschlands verband sich für mich die Hoffnung auf eine umfassende Neuorientierung ganz Deutschlands, gerade auch des im Rheinischen Kapitalismus erschöpften Westdeutschlands der Kohl-Ära. Die Agenda war reich gefüllt: eine zukunftsfähige Friedensordnung jenseits der Logik des Kalten Krieges, der Aufbau einer ökologisch verträglichen, nachhaltigen Infrastruktur als Antwort auf die Analysen des Club of Rome, eine tolerantere und buntere Gesellschaft, der Abbau der Langzeit-Arbeitslosigkeit in den Städten – um nur einige Punkte zu benennen, die auch im Berliner Programm der SPD 1989 eine große Rolle spielten.
Geboren im Westen, in Aachen, wo ich mich stark von der französischen Kultur angezogen fühlte, wuchs ich in einer Welt auf, in der alles rechts des Rheins fremd, alles jenseits der Elbe fern, wenn nicht unbekannt war. Mein zweiter Vorname, Gebhard, verband mich schon früh mit dem Osten, mit Rostock. Es war der Wunsch meiner Urgroßmutter, dass wenigstens einer ihrer Urenkel den Namen Blüchers trug. Mit ihrem Tod 1963 in Rostock brach dieses Band ab.
Die Friedensbewegung Anfang der 1980er-Jahre knüpfte ein neues Netz. Herausgefordert von Rostocker Studenten, die ich auf einer Jugendfahrt 1981 in Ungarn kennenlernte – sie trampten, wir waren mit einem mittelalten VW-Bus unterwegs nach Siebenbürgen –, was ich denn gegen die Aufrüstung mit Pershing- und SS 20-Raketen mache, engagierte ich mich – wieder zu Hause – in der Heidelberger Friedensgruppe bei den Grünen. Ein Thema waren die Initiativen für atomwaffenfreie Zonen, ein anderes, die Logik des Kalten Krieges zu durchbrechen, indem wir ein Netz von Friedensgruppen rechts und links des Eisernen Vorhangs knüpften. Kontakte nach Montpellier und Cambridge wurden aufgenommen, eine Städtepartnerschaft Heidelberg-Simferopol initiiert. Nachdem eine dauerhafte Vernetzung mit Jena wegen Westabschiebung der dortigen Aktivisten nicht zustandekam, bekamen wir Hei-

delberger über die Rostocker den Zugang zum Mobilen Mecklenburgischen Friedensseminar. Und damit zu vielen, die später die SDP gegründet haben.
Ich gehöre also gar nicht zu den SDP-Gründern. Aber, wenn man so will, zu ihrem Freundeskreis. Ab 1982 trafen wir uns jedes Jahr ein- oder zweimal. In Berlin, in Mecklenburg. Mein letztes Treffen in diesem Kontext war ein Seminar zur Entwicklung der Europäischen Gemeinschaft und ihren Konsequenzen für die DDR: Würde eine zunehmende EG-Integration Westdeutschlands Ostdeutschland verstärkt ausgrenzen? Es war der 4. November 1989, der Tag der großen Kundgebung auf dem Alexanderplatz, und wir diskutierten unter der Leitung von Markus Meckel in Niederndodeleben bei Magdeburg komplizierte wirtschafts- und europapolitische Fragen.
Dann ging alles sehr schnell. Schon wenige Tage nach dem Mauerfall besuchte Markus die West-SPD in Bonn. Wir sprachen darüber, wie ich mitarbeiten könnte bei dem Aufbau der neuen Partei – als Westdeutscher, der den Westen, aber auch den Osten – zumindest ein wenig – kennt. Als Ökonom. Und gerade nicht als Vertreter einer westdeutschen Organisation, von denen schon bald viele helfend und beratend im Osten unterwegs waren. Die Einzelheiten machten wir zwischen Weihnachten und Silvester 1989 aus und Mitte Januar fing ich bei der SDP an – genau an dem Wochenende, an dem sie sich auf ihrer Delegiertenkonferenz in der Ost-Berliner Kongresshalle am Alexanderplatz in SPD umbenannte. Meinen Vertrag mit der Universität Bonn hatte ich aufgelöst; meine Vorlesung führte ich noch ordentlich zu Ende. Mein Einkommen bezog ich aus einem Werkvertrag mit der Friedrich-Ebert-Stiftung; sein Gegenstand war „die wissenschaftliche Beratung im Arbeitskreis Wirtschaftspolitik des ‚Vereins für Politische Bildung und Soziale Demokratie'". Tätig war ich als „Wirtschaftspolitischer Berater beim Präsidium der SPD", Rungestraße 3-6 in 1020 Berlin, wie es auf meiner SPD (DDR)-Visitenkarte stand.
Unmittelbar motiviert war ich durch die Situation des Aufbruchs. Nur wenige Monate zuvor hatte ich die Verhältnis-

se zwar für veränderbar gehalten, dies aber nur allmählich schleichend und mühsam. Die Mauer hielt ich für gegeben. Ich erinnere mich nicht, irgendjemanden vor dem Herbst 1989 getroffen zu haben, der eine gewaltlose Auflösung des DDR-Regimes vorhergesagt hätte. Und nun war das Unvorstellbare geschehen und vollzog sich noch. Denn es war die Zeit des Runden Tischs, die Übergangsregierung Modrow war im Amt, die ersten (und letzten) freien Wahlen der DDR standen bevor. Wenn aber das Unvorstellbare geschah, wieso sollte dann nicht Vorstellbares möglich werden? Es herrschte Euphorie. Im Nachhinein betrachtet gepaart auch mit viel Naivität.

In kleinen Teams beim Parteivorstand wurde an den programmatischen Grundlagen gearbeitet. Mit möglichst gut überlegten Konzepten wollten wir die Gestaltungschancen, die sich im Osten Deutschlands ergaben, nutzen. Grundsatzprogramm, Wahlprogramm und Wirtschaftsprogramm wurden verfasst. Im Wahlprogramm, vorgelegt zum und beschlossen auf dem Wahlparteitag in Leipzig, hatten wir einen „Fahrplan zur deutschen Einheit" formuliert. Die Vereinigung sollte sich nicht Hals über Kopf vollziehen, sondern gestaltet werden. Es sollten zunächst die Institutionen aufgebaut werden, die für einen Rechtsstaat und eine soziale Marktwirtschaft unabdingbar sind. Gutes aus der DDR sollte nicht beseitigt werden; als Beispiele nenne ich hier die Polikliniken, die übersichtlichen Sozialversicherungsstrukturen und den gemeinsamen Schulunterricht bis zur 10. Klasse in den polytechnischen Oberschulen. Es ging um eine Vereinigung erhobenen Hauptes. Mein besonderes Motiv dabei: auf diese Weise aus der deutschen Vereinigung auch Impulse für eine Weiterentwicklung der westdeutschen Gesellschaft zu gewinnen.

Im März, wenige Tage vor den Wahlen, war ich beauftragt worden, eine „Koordinierungsstelle Wirtschaft" aufzubauen. Ihre Aufgabe war die Einrichtung und Koordinierung von Arbeitsgemeinschaften zu den verschiedenen wirtschaftspolitischen Themenstellungen, die sich mit dem Übergang zu einer sozialen, ökologischen und demokratischen Marktwirtschaft

in der DDR stellten. Ein Auftrag, der also noch ganz im Geiste des gestalteten Übergangs nach dem „Fahrplan zur Deutschen Einheit“ gefasst war.
Tatsächlich kam es anders. Mit der Entscheidung für eine möglichst schnelle 1:1-Währungsunion, schon im Januar 1990 in die Debatte eingebracht von der damaligen finanzpolitischen Sprecherin der SPD-Bundestagsfraktion, Ingrid Matthäus-Maier, und durchgesetzt von einer faktisch ganz großen Koalition gegen den Rat des Präsidenten der Bundesbank, war das Heft des Handelns ab Februar 1990 an den Westen abgegeben worden. Mit dem Ergebnis der Volkskammerwahl vom 18. März 1990, dem Sieg der von Helmut Kohl dominierten Ost-CDU, wurde diese Entwicklung in meinem Verständnis auch legitimiert. Zeitgleich zu den Koalitionsverhandlungen erarbeitete die Bundesregierung in Bonn den Entwurf eines Staatsvertrages zur Einführung der D-Mark. Wenige Tage nach der Regierungsbildung wurde der Vertrag zur Währungs-, Wirtschafts- und Sozialunion unterzeichnet. Dies bedeutete letztlich die mehr oder weniger vollständige Übernahme der westdeutschen Regeln und Strukturen.
Ich selbst wollte zunächst dem allgemeinen Sog in die Regierung, durch den die dünne Personaldecke der SPD in der DDR massiv gespannt wurde, widerstehen. Die Partei musste – um als politische Größe identifiziert werden zu können – auch weiterhin über eigenständige konzeptionelle Kapazitäten verfügen. Dementsprechend entfaltete ich eine Reihe von Aktivitäten (Kontakte zur EG und zur KSZE-Wirtschaftskonferenz; Entwicklung eines Verfahrens zur „Privatisierung des Volkseigentums“; Empfehlungen für eine Wettbewerbsreform). Im Nachhinein muss ich dies alles als zwar gut gedachte, aber naive Versuche einordnen. Mit dem Vertrag zur Währungs-, Wirtschafts- und Sozialunion waren die Züge längst abgefahren. So war es wohl letztlich folgerichtig, dass ich dem Ruf von Regine Hildebrandt folgte, sie bei ihrer Arbeit im Ministerium für Arbeit und Soziales zu unterstützen, das aus dem Ministerium (vormals Staatssekretariat) für Arbeit und Löhne her-

vorgegangen war. Hier stellten sich nun Gestaltungsaufgaben im Übermaß, selbst wenn der Rahmen im Groben abgesteckt war. Regine Hildebrandt sah mit erstaunlicher Klarheit den Zusammenbruch der DDR-Wirtschaft voraus und trieb uns an, alles nur Mögliche zu unternehmen, um die aus ihrer Sicht unvermeidbaren Einbrüche wenigstens arbeitsmarkt- und sozialpolitisch abzumildern. Angelehnt an Vorbilder aus dem Strukturwandel in den westdeutschen Montanregionen entstand das Leitbild der Brücke. In der Erwartung eines raschen Aufbaus der Infrastruktur und wirksamer Investitionshilfen sollten die Arbeitskräfte, die ihren alten DDR-Arbeitsplatz verloren hatten, qualifiziert werden für die neuen Anforderungen. Manches, was wir im Ministerium für Arbeit und Soziales der DDR entworfen und angeschoben hatten, wurde dann nach der Bildung der Länder im Herbst 1990 im brandenburgischen Ministerium für Arbeit, Soziales, Gesundheit und Frauen wieder aufgegriffen und – dem Land angepasst – fortgesetzt: Etwa der Aufbau eines landesweiten Netzwerks von Arbeitsfördergesellschaften oder die Einrichtung einer Landesberatungsgesellschaft, die Struktur- mit Arbeitsmarktpolitik verknüpfen sollte, die Landesagentur für Struktur und Arbeit GmbH (LASA), um so auf eine qualifizierte und dem Land nützliche Umsetzung der Arbeitsförderung des Bundes hinzuwirken.

Mit dem tatsächlichen Ablauf 1990, der nichts mehr von einer gestalteten Vereinigung hatte, habe ich mich mittlerweile versöhnt. Im Nachhinein teile ich die weit verbreitete Auffassung von dem „Fenster der Gelegenheit". Dass es sich ausgerechnet in Kohls Zeit öffnete und seine Regierung um acht Jahre verlängerte, hat mir damals zwar nicht gefallen. Doch das war nachrangig. Gut war es, die Chance zu ergreifen, Deutschland zügig zu vereinigen und in eine erweiterte EU einzubetten, in der es die Aufgabe eines Bindeglied zwischen Ost- und Westeuropa übernommen hat – täglich durch die scheinbar unendliche Kolonne osteuropäischer LKWs auf deutschen Autobahnen versinnbildlicht. Schon ein Jahr später wäre dies wohl nicht

mehr im Einvernehmen mit den vier Alliierten des Zweiten Weltkrieges machbar gewesen.
Der Preis dafür war der schnelle Zusammenbruch der ostdeutschen Wirtschaft, die Entwertung der Kompetenzen der ostdeutschen Arbeitnehmer, deren Erfahrungen und Kenntnisse an die spezifischen Produktions- und Wirtschaftsbedingungen der DDR gebunden waren. Ihre arbeitsmarktpolitische Unterstützung wurde 1990, schon im Ministerium für Arbeit und Soziales von Regine Hildebrandt in Brandenburg mein Arbeitsgebiet.
Im Nachhinein haben die Veränderungen und Erfahrungen in Ostdeutschland doch den Westen erreicht. Seine verkrusteten Strukturen beginnen aufzubrechen – die vom Leitbild der Allein-Verdienerfamilie geprägt waren und Arbeitslosigkeit nur als individuelles Versagen auffassten. Zunächst in der Arbeitsmarktpolitik, aber auch in der Kinderbetreuung und – jetzt aktuell – im Bildungssystem, in dem allmählich die Auflösung des westdeutschen mehrgliedrigen, auf Statuserhalt ausgerichteten Schulsystems ansteht. Allerdings ist anzunehmen, dass der Westen dies jetzt eher übernimmt, weil er damit erfolgreichen Beispielen in der EU, etwa den skandinavischen Ländern, folgt, als dass er auf ostdeutsche Erfahrungen zurückgreift.
Die Entscheidung der Regierung Kohl 1990, die Vereinigung im Wesentlichen aus den bestehenden Systemen heraus zu finanzieren, führte zu einer extremen Belastung des Budgets für Sozialabgaben. Die Arbeitnehmer trugen folglich einen überdurchschnittlichen Beitrag zur Finanzierung der deutschen Einheit. Die Arbeitgeber sprachen von einer Krise des Sozialstaates. Bereits 1995 forderten sie, die Arbeitslosenhilfe abzuschaffen. Die Leistungen für Langzeitarbeitslose sollten von den Kommunen aus der Sozialhilfe erbracht werden. Damit wären die ostdeutschen Kommunen und Länder finanziell ruiniert gewesen. 1998 übernahm die CDU/CSU die Position der Arbeitgeber. Mit den Arbeitsmarktreformen der rot-grünen Bundesregierung 1998 bis 2005 wurde hierauf eine Antwort gefunden.

Durch die Zusammenführung der Arbeitslosenhilfe und der Sozialhilfe (soweit aus ihr Leistungen für Erwerbsfähige erbracht wurden) in der Grundsicherung für Arbeitsuchende wurde ein steuerfinanziertes, im Wesentlichen vom Bund verantwortetes und finanziertes soziales Sicherungssystem geschaffen. Völlig neue Wege wurden darin beschritten, die Kompetenzen und Kapazitäten der kommunalen Verwaltung und der Bundesarbeitsverwaltung zusammenzubringen. Nicht ohne Konflikte, denn es trafen grundverschiedene Verwaltungskulturen aufeinander. Es sollten sowohl Dienstleistungen aus dem sozialen Bereich angeboten als auch berufliche Qualifikation und Vermittlung unterstützt werden. Arbeits- und Langzeitarbeitslosigkeit konnten im Zuge einer guten Konjunkturentwicklung seit 2006 deutlich abgebaut werden. In der finanzmarktbedingten Wirtschaftskrise 2008/09 hat sich das neu aufgestellte System der Arbeitsförderung in seiner ersten Feuerprobe gut bewährt. Der Gesetzgeber, Bundestag und Bundesrat, haben die neuartigen Formen der Mischverwaltung jetzt im Sommer 2010 mit großer Mehrheit in das Grundgesetz geschrieben.
Erforderlich wären diese Arbeitsmarktreformen auch in einem Westdeutschland alten Zuschnitts gewesen. Durch die Vereinigung fanden die dort etablierten Strukturen zunächst eine Bestätigung und erstreckten sich nicht nur im Bereich der Arbeitsförderung, sondern mehr oder weniger in allen Bereichen, von der Apothekenkammer bis zur Kassenzahnärztlichen Vereinigung. Ab Ende der 90er-Jahre sprach man dann nur noch von Reformstau. Für den Bereich der Arbeitsförderung konnte dieser aufgelöst werden. Dies wohl auch, weil die einigungsbedingten Belastungen hier Veränderungen unumgänglich machten. Zugleich sind sie eine Anwendung der mit der Vereinigung gemachten Erfahrungen. Gesellschaftliche Weiterentwicklung ist möglich: Sie verläuft nicht geradlinig, sondern mit Brüchen und in Widersprüchen; sie muss erarbeitet werden.
Die Zeit des Aufbruchs 1989/90 war für mich prägend. Ich hatte die bleierne Atmosphäre, das Graue und Verängstigte in der DDR wahrgenommen und Freunde gefunden, die dies

nicht länger hinnehmen wollten, die sich ihm aber auch nicht durch Ausreise entziehen wollten. Gewitzt wurde das herrschende System entlarvt. Indem die Losung „Schwerter zu Pflugscharen" des sowjetischen UN-Denkmals in New York außerhalb von Staat und Partei ausgerufen wurde, war der Alleinvertretungsanspruch in Frage gestellt worden. Doch wie konnten die staatlichen Organe eine Opposition bekämpfen, die fordert, was der große Bruder vorgegeben hat?

*Was ist die Essenz? Es braucht*
*Mut,*
*Freunde,*
*Wahrhaftigkeit,*
*Kühnheit, sich auch Unvorstellbares vorzustellen,*
*Fleiß in der Analyse und in den Schlussfolgerungen, also auch*
*Sturheit und Festigkeit in Grundsätzen, aber auch*
*Offenheit für Unvorhergesehenes und Gelegenheiten.*

Und – um das zusammenzuhalten – und gerade auch um mit der Unvollständigkeit unserer Informationen und unserem immer mangelnden Wissen über das, was kommen wird, zurechtzukommen, braucht es sichere Grundsätze als Richtschnur für Entscheidungen in einer Welt der Unsicherheit. Auch diese müssen erarbeitet und im Leben erfahrbar sein.
Die Zeit des Aufbruchs 1989/90 war für mich ermutigend – bis heute – und trotz aller Niederlagen. Denn sie hat gezeigt, dass Veränderungen auch verkrusteter Gesellschaften und Strukturen möglich sind.
Die eingangs angedeutete Agenda ist weiterhin aktuell. Viele der schon 1989 formulierten Zukunftsfragen wurden bis heute nicht beantwortet. Fortschritte sind erkennbar, etwa in der Entwicklung der Europäischen Union oder in der Qualität eines globalen Diskurses zu den Fragen der Ökologie. Ohne Zweifel ist unserer Gesellschaft bunter und gegenüber Minderheiten toleranter geworden. In vielen Bereichen aber, insbesondere in der Sozial- und Wirtschaftspolitik, wirkte sich

die Vereinigung für Deutschland wenn nicht restaurierend, so doch verzögernd aus.
Das Vermächtnis der SDP-Gründung ist es, Entwicklungen, die als unausweichlich gelten, nicht hinzunehmen, sich ihnen viel mehr mit einer eigenen Vorstellung der Zukunft konkret und auch machtpolitisch bewusst entgegenzustellen. Der ersatzlose Verbrauch natürlicher Ressourcen, die zunehmende Schere zwischen Arm und Reich, die Verbankung des Staates bedrohen über kurz oder lang den Zusammenhalt und die Überlebensfähigkeit unserer Gesellschaft. Abhilfe tut Not. Doch die Überwindung jeder dieser drei Entwicklungen erscheint zur Zeit genauso wenig vorstellbar, wie es Anfang 1989 der Fall der Mauer schon im Herbst 1989 und die Auflösung der DDR 1990 waren. Denn wie ein Leben in der DDR Alltag war, so ist es unsere alltägliche Gewohnheit, Ressourcen ersatzlos zu verbrauchen, unsittlich niedrige wie unsittlich hohe Einkommen zu akzeptieren und unsere Gesellschaft scheinbar wehrlos dem Handeln der Finanzakteure auszuliefern. Und so wie das Alltagsleben in der DDR mit den Regeln der DDR verstrickt war und sich eingerichtet hatte, so sind wir auch heute an die genannten Fehlentwicklungen gefesselt, indem wir alltäglich unseren vermeintlichen individuellen Nutzen aus ihnen ziehen, etwa als Billigflieger, Konsument billiger Textilien oder Kleinanleger.
Es handelt sich doch um unverrückbare Selbstverständlichkeiten, dass der wirtschaftliche Wohlstand gerade auf dem ersatzlosen Verbrauch natürlicher Ressourcen beruht. Ebenso wird die zunehmende Schere zwischen Arm und Reich wie ein Naturgesetz erfolgreichen Wirtschaftens in Marktwirtschaften hingenommen. Und auch die Verbankung des Staates erscheint unausweichlich: Die Finanzkrise hat offenbart, dass Banken nicht insolvent gehen dürfen, weil sie faktisch öffentliche Güter bereitstellen. Deswegen empfiehlt mittlerweile Professor Sinn, ifo München, konsequenterweise ihre Verstaatlichung. Tatsächlich befinden sich aber die Staaten quasi in der Geiselhaft der Banken (welche „too big to fail“ sind); die Banken be-

stimmen, was der Staat zu ihrer Rettung zu unternehmen hat. So im dramatischen Herbst 2009 nach dem Zusammenbruch von Lehman Brothers. Erst kürzlich hat sich der Mechanismus wiederholt. Ein Land gilt als wenig solvent, ihm Geld zu leihen, also als risikoreich. Darum leihen ihm die Banken nur zu erhöhten Zinsen Geld. Doch die Gemeinschaft der Staaten muss einspringen, um für das wenig solvente Land zu garantieren. Das Risiko ist beseitigt; die hohen Zinsen bleiben. Oder: Die Europäische Zentralbank (EZB) stellt den Banken Geld billig zu 1 Prozent Diskont zur Verfügung, damit diese es zu günstigen Konditionen der Wirtschaft für Investitionen bereitstellen. Die Regeln der Euro-Union (EU 15) legen fest, dass die Staaten nicht bei der EZB Anleihen aufnehmen dürfen, sondern nur auf dem allgemeinen Kapitalmarkt. Da bekommen sie es dann von den Banken für 3 Prozent. Die Differenz von 2 Prozent ist ein sicheres Geschäft; die Banken machen Gewinne und die Medien melden ihren Erfolg.

Das Vermächtnis der SDP-Gründung ist für mich, dass sie belegt, wie scheinbar Unveränderbares doch verändert werden kann. Es bedurfte vieler Jahre der Vorbereitung, die dann in der Provokation der unabhängigen Parteigründung in der DDR mündete, es bedurfte der einfachen Überzeugung, eine andere Welt als die Vorgegebene sei möglich, und es bedurfte einer Vorstellung davon, wie diese andere Welt aussehen könnte. Daran wurde bis 1990 gearbeitet. Der Anschluss an die gesellschaftliche Ordnung Westdeutschlands machte alternative Konzepte für den Augenblick obsolet. Doch dies war nur ein Aussetzen. Die drei von mir benannten krisenhaften Entwicklungen waren auch schon 1989 erkannt; jetzt steht ihre Überwindung auf der Agenda. 1989/90 gibt mir die Hoffnung, dass sie gelingen könnte.

# Steffen Reiche – Nachbetrachtung

Bei Jubiläen werden immer die Verdienste der Akteure der Vergangenheit hervorgehoben. In der Regel sind die Laudatoren dann in einem jugendlicheren Alter als die Geehrten. Bei den Gedenkveranstaltungen zur Gründung der ostdeutschen SDP-SPD war das oft anders. Manches Mal waren die Lobenden älter als die Gelobten und insofern schien es besonders glaubwürdig, wenn der Mut der Parteigründer von Schwante besonders hervorgehoben wurde. War das eine zufällige, romantische Täuschung oder eine bewusste, die die Ehre der zu Ehrenden eher strapazierte als hob?
Heute wissen wir, dass die DDR 1989 am Ende war und durch tragikkomische Fehler wie den Versprecher von Schabowski sich selber in eine Situation manövrierte, in der sie dann schnell implodierte. Aber ohne den Bürgerprotest, ohne die Bereitschaft von immer größeren Gruppen sich für Reformen zu engagieren, ohne die massenhafte Resignation von Hunderttausenden, die jede Möglichkeit nutzten, der DDR den Rücken zu kehren, wäre die sie 1989 noch nicht reif gewesen, für diesen friedlichen Umbruch. Andere RGW-Länder waren auf einem ähnlichen Weg, Polen hatte durch Solidarnosz den Weg von Reformen besonders engagiert beschritten und die Sowjetunion war auf einem bis dahin undenkbaren Weg von Glasnost und Perestroika, der eine zentrale Voraussetzung für den Erfolg der friedlichen Revolution war. Zugleich hat Habermas Recht, wenn er über unsere damaligen Veränderungen einschränkend sagt, es war eine nachholende Revolution. Denn auf einem für Deutschland so bisher noch nicht dagewesenen Weg wurde nur nachgeholt, eingeholt, was sich im anderen Teil Deutschlands schon bewährt hatte. Das war im Wesentlichen auch das Ziel der Bürgerrechtler, obwohl viele von ihnen mehr wollten – wofür es aber auf dem dafür von ihnen einzig akzeptierten Weg keine Mehrheit gab.
Diejenigen, die die Gründung der SDP in Schwante im Sprachenkonvikt, einer theologischen Ausbildungsstätte in der

Tradition der Bekennenden Kirche, vorbereiteten, sind zumindest weniger auf den ihnen attestierten Mut von damals stolz. Wir hatten längst gespürt, dass die DDR nicht mehr in der Lage war, ihre bisherige Linie mit der gewohnten Strenge durchzusetzen und im Herbst 1989 nicht auch noch Märtyrer schaffen wollte, die die Fluchtwelle erst recht anschwellen lassen musste. Wir wussten spätestens seit der Gründung der Bürgerinitiative „Demokratischer Aufbruch" (DA) eine Woche vor unserer Gründung, dass die Gefahr, inhaftiert zu werden, nicht so groß war wie lange befürchtet, denn bei der Gründung des DA war niemand inhaftiert worden.
Wären wir inhaftiert worden, wären wir als Theologen wahrscheinlich wenige Tage oder Wochen später von der Kirchenleitung freigekämpft worden. Und wenn man die „Rädelsführer", also die Theologen und Barbe und Böhme, die die Gründung vorbereitet hatten, freiließ, dann müsste man auch die anderen freilassen. Zugleich wussten wir und auch die staatliche Seite, dass eine solche, wenn auch vielleicht nur kurzfristige Inhaftierung der Gründung der SDP eine solche öffentliche Wirkung geben würde, wie sie auf dem Weg der für uns nur möglichen Öffentlichkeitsarbeit über Westmedien nicht herstellbar war.
Es brauchte genau und vorurteilsfrei betrachtet weniger Mut, als vielmehr Klugheit und Weitsicht, um die Gründung einer Sozialdemokratischen Partei in der DDR gerade in dieser Situation zu organisieren. Es war die erste und vor dem Mauerfall auch letzte und einzige Parteigründung in der eingemauerten DDR. Und gegründet wurde nicht irgendeine Protestpartei, sondern die Partei, für die 1946 auch ein Verbot nicht wirkungsvoll genug erschien.
Für diese gefährliche Partei, die ja 1945 nach der Befreiung selber angeboten hatte, sich mit der KPD zu vereinigen, um aus den Fehlern, die zum Nationalsozialismus geführt hatten, zu lernen, schien im Frühjahr 1946, nach der für die Kommunisten desaströsen Wahl in Österreich, das Mittel der Zwangsvereinigung das einzige und letzte brauchbare. Die Sozialdemokraten waren und sind bis heute für die Kommunisten die

größten Feinde, weil sie die Leidenschaft für Reformen und Gerechtigkeit mit Vernunft und Achtung für Freiheit und Demokratie verbinden.

Die Nichtexistenz der SPD war die Voraussetzung für die Existenz der DDR. Insofern musste unserer Meinung nach diese Partei durch Neubegründung wieder erstehen, wenn man die DDR nachhaltig verändern oder gar überwinden wollte. Die Wiederbegründung der SPD in der DDR war für uns deshalb ein wichtiger und notwendiger Schritt, um Reformen wirksam gestalten zu können. Das konnten Bürgerbewegungen gerade nicht allein. Sie brauchten in der von uns angestrebten parlamentarischen Demokratie ja gerade eine Partei, um ihre Forderungen parlamentarisch durchsetzen zu können. Im Grunde war uns damals klar, was heute alle wissen: Eine DDR, die aus der Verfassung den Artikel 1, die führende Rolle der Partei der Arbeiterklasse SED gestrichen haben würde, wäre nicht mehr dieselbe. Ja mehr, sie war in ihrer Existenz gefährdet. Wir zumindest haben das nicht nur gewusst sondern gewollt. Insofern war nicht nur die Gründung der Partei SDP an sich die radikalste und grundlegendste der damaligen Gründungen im Vergleich zu den Gründungen von Bürgerinitiativen wie Neues Forum, Demokratie Jetzt und Demokratischer Aufbruch. Nur in Schwante bei der SDP-Gründung wurde zum Beispiel auch die Auflösung der Bezirke als Struktur des demokratischen Zentralismus und die Wiederbegründung der Länder gefordert. Nur in Schwante wurde die Frage der deutschen Teilung als Folge der schuldhaften deutschen Vergangenheit angesprochen und damit auch die Frage der Deutschen Einheit programmatisch diskutiert.

Zugleich war die Gründung am 7. Oktober, dem 40. Jahrestag der DDR, nicht nur die größte denkbare Provokation, sondern auch voll frecher und ironischer Chuzpe. Es war die sichtbare Behauptung: Wir wollen etwas anderes, etwas Neues statt des Alten, statt der alten Republik. In ihren inoffiziellen Unterlagen schätzte die Partei und ihr Schild und Schwert, die Staatssicherheit, die Lage auch so ein: die SDP-Gründung war für sie die gefährlichste, provozierendste der damaligen Oppositionsgründungen und zugleich für die Einheitspartei eine grundsätzliche Kampfansage.

Bleibt für mich die Frage, warum sich mehrheitlich eine Würdigung des damaligen Vorgangs durchsetzen konnte, die neben dem Kern liegt und das Eigentliche verschweigt. Nicht genug Mut gehabt zu haben angesichts der bedrohlichen Macht der SED, der Staatssicherheit und der Polizei lässt sich heute einfacher zugeben. Zugleich kann man „die von damals" dann auch heute einfacher entbehren, denn in einer so etablierten Demokratie wie der von heute, braucht man Mut zweifelsohne weniger als Klugheit.

Mancher der Laudatoren von heute ist damals sogar gefragt worden, ob er die Gründung mit vorbereiten oder dabei sein wolle. Und da scheint es heute eben mehr opportun, den Mut, als die Klugheit der Gründer von Schwante zu loben. Sonst kämen die einen vielleicht wieder mit Vorschlägen in die Quere, die, wenn sie mehr aus Klugheit denn aus Mut gesagt werden, auch heute besser berücksichtigt werden müssten. Wenn man, wie wir damals, vor der Zeit etwas sah, was wenig später offenbar wurde, dann muss man auch heute, in einer nicht ähnlichen, aber vergleichbaren Situation einer Zeitenwende, was man sieht, sagen und in der gebotenen Form handeln.

Heute wissen wir, der damalige Zusammenbruch war unabwendbar. Die Zeit war reif für eine Epochenwende. Man hätte den Zusammenbruch mit Gewalt noch einige Zeit unterdrücken können und damit dann vielleicht sogar die Deutsche Einheit verhindert. Denn mit dem damals wohl schon ebenso unabwendbaren Zusammenbruch der UdSSR, der Sowjetunion schloss sich 1991 das zeitliche Fenster für die Deutsche Einheit. Für die Verhandlungen der Besatzungsmächte hätte ab diesem Zeitpunkt ein zustimmungsfähiger und –williger Partner gefehlt.

Die DDR war wie der ganze Ostblock, der RGW und das gesamte realsozialistische Großexperiment nicht mehr lebensfähig und längst überlebt. Nur gemerkt und geglaubt hatten es damals erst wenige. Die Ausreisenden wollten ja auch nur fort, nicht mehr dabei sein müssen und sahen nicht, dass sich das Engagement für Reformen lohnte wie noch nie zuvor in der Geschichte der DDR.

Nur einige wenige hatten gesehen, wie als stünden sie auf der Kommandobrücke, die „Titanic" war nicht mehr zu retten. Oder anders: Es lohnte sich, sich für Reformen zu engagieren. Wir ahnten die Erfolgsmöglichkeit. Der letzte Sommer der DDR mit seiner Kritik und Empörung über den Kommunalwahlbetrug und der anschwellenden Welle von Ausreisenden, spielte sich wie im Salon der Titanic ab. Sicher, es hätte sich auch alles anders entwickeln können. Eine chinesische Lösung war denkbar. Doch zum einen wollten die Armeeführung und wichtige Teile der Parteiführung sie ausweislich der bekannt gewordenen Dokumente selber nicht und zum anderen hätte es wohl nur den Weg, nicht aber das Ergebnis grundlegend verändert. Anders als beim Untergang der Titanic wurde der Untergang der DDR sowohl im Osten Deutschlands und in der Bundesrepublik, aber auch in Osteuropa und der ganzen Welt mit Freude aufgenommen.

Mit dem Zusammenbruch der DDR war der Zusammenbruch des Sozialismus eingeläutet und offenbar. Es gab plötzlich neue, unerwartete Chancen für die globale Entwicklung, für mehr Umweltschutz und vor allem für die Stabilisierung des Weltfriedens. Der Westen hatte gesiegt im Ost-West-Konflikt und nun konnten andere, bis dahin weniger beachtete oder gar durch den dominierenden Konflikt unterdrückte Konflikte gelöst werden. Wir hofften, dass nach der Lösung des Ost-West-Konfliktes nun endlich Ressourcen und Aufmerksamkeit für die Lösung des seit dem Willy-Brandts-Report stärker beachteten Nord-Süd-Konfliktes, mehr Chancen für die von Olof Palme vorgeschlagenen Strukturen Gemeinsamer Sicherheit und die von Gro Harlem-Brundlandt entwickelten Ideen von Nachhaltigkeit freigesetzt würden.

Mancher dachte damals auch wie Francis Fukujama, dass mit dieser Entwicklung das Ende der Geschichte erreicht wäre.

Der Hegelsche Weltgeist war für ihn praktisch zu sich selbst zurückgekehrt und nun könnte sich alles friedlich von selbst und ohne Konflikte entwickeln. Der Kapitalismus war für ihn nicht nur so demokratisch, sondern auch so vernünftig, dass sich alles von selbst nicht nur zum Besseren, sondern zum Besten entwickeln würde.
In den letzten Jahren haben wir nicht nur durch die Völkermorde von Ruanda und Srebrenica und die Ohnmacht der Staatengemeinschaft nach dem 11. September, die Kriege im Irak und in Afghanistan, sondern vor allem durch die Weltwährungs- und Finanzkrise und die darauf folgende Weltwirtschaftkrise gespürt, dass auch der auf dem Streitfeld der Ideologien von einst verbliebene Sieger wankt und in der Gefahr steht, ebenso an seiner Unfähigkeit zu grundlegenden Reformen zu zerbrechen wie 1989/90 der Sozialismus.
Bei aller Vergleichbarkeit ist die Situation heute ungleich gefährlicher und dramatischer als damals. Anders als vor 20 Jahren existiert heute noch kein für alle einleuchtendes, begeistert zu übernehmendes Modell wie es 1989 zweifelsohne vorlag. Aber wie damals, so kann man meiner Meinung nach auch heute erkennen, dass die zum Sozialismus alternative Form von Wirtschaft und Gesellschaft an ihr Ende gekommen ist. Ein gigantisches, so noch nicht einmal im Ansatz dagewesenes Overstretching stellt den Kapitalismus in seiner bisherigen Form in Frage. Der Ost-West-Gegensatz hatte den Westen permanent zu Sinn und Form gezwungen, um seine Überlegenheit zu beweisen. Er hatte zum Maßhalten gezwungen, weil riesige Ressourcen gebraucht wurden für die Auseinandersetzung mit dem Gegner. Aber der Triumphzug des Kapitalismus und des Kapitals nach 1990, die Globalisierung, hat eine neue, bis dahin unvorstellbare Maßlosigkeit ermöglicht. Diese zeigt sich zum Beispiel in der gigantischen Überschuldung der Nationalstaaten und ihrer demographischen Falle mit Pensions- und Gesundheitslasten. Obwohl es den Bürgern immer besser und so gut wie noch nie zuvor ging, wurden, um soziale Probleme zu lösen bzw. Infrastruktur zu finanzieren, von Staaten

und Kommunen immer größere Kredite aufgenommen und damit die Lasten für den heutigen Wohlstand bzw. für die Lösung von unseren Problemen in die Zukunft verschoben. Die Demokratie in den Nationalstaaten machte und macht solche Entscheidungen notwendig, denn die Bürger erwarten Wachstum, Fortschritt und Verbesserung, weil sie sonst nicht oder andere wählen. Der demokratische Parteienstaat muß, um den Wahlbürger „bei Laune" zu halten, um Arbeitsplätze zu fördern, kontinuierlich dazu beitragen, Wachstum zu generieren. Für unsere Schönwetter-Demokratien ist dieses Wachstum unabdingbar. Die Expansion der Haushalte ist nötig, um steigende Lohn- und Gehaltskosten, die Herausforderung der demographischen Entwicklung (Rente, Gesundheit, Infrastruktur), die steigenden Zinslasten und letztlich auch den Inflationsausgleich zu finanzieren. Die Nationalstaaten sind zudem untereinander in einem Wettbewerb um Vorteile für ihre Bürger. Sie wollen, wenn nötig auch zu Lasten der Nachbarn, Arbeitsplätze im eigenen Land sichern und sind nur selten und wenn, dann erst in unabweisbaren Krisensituationen bereit, international sinnvolle Beschlüsse mit zu tragen.

So sind bis heute die meisten für notwendig erklärten internationalen und nationalen Kapitalmarktregelungen nicht zustande gekommen, weil USA oder UK ihre Finanzindustrie schützen wollen. Auch die Europäische Union ist in diesen Fragen nicht nur zu langsam, sondern auch zu unentschlossen. Gigantische Finanzpakete sind, wenn die Regierungen in den Abgrund blickten, geschnürt worden zur Rettung von Banken und Staaten oder Währungen. Aber mit all diesen durch den Blick in den Abgrund erzwungenen Entscheidungen ist nur zu Lasten der Zukunft neue Zeit gekauft und damit zugleich vor allem die Fallhöhe für eine neue Krise erhöht worden. Denn um die Krise nachhaltig nicht nur abzuwenden, sondern zu überwinden, sind neue Ordnungssysteme bisher nicht entwickelt worden, da die Finanzindustrie in den USA nicht alles, aber zumindest die grundlegende Reform verhindern konnte. Die Banken, die Verursacher der Krise, verdienen wieder so gut

wie zuvor, was doch genügend Beweis sein könnte, dass auch die teils neuen Regeln die alten Gewinnmaximierungen, nur neu konfiguriert, weiter wie bisher ermöglichen.
Die Zahl der Millionäre und Milliardäre ist nach heftigsten Turbulenzen der Krise sogar weiter gewachsen und die bisherigen Millionäre und Milliardäre, die in der Krise teilweise ein Drittel ihres Vermögens verloren hatten, sind in genauso schwindelerregenden Tempo wie sie große Teile ihres Vermögens verloren haben, nun schon wieder größtenteils auf der alten Höhe ihres Vermögens angelangt oder auch darüber.
Wie 1989 der Zusammenbruch des Sozialismus meiner Meinung nach nur noch eine Frage der Zeit war und nicht mehr abwendbar, so ist auch heute der Zusammenbruch des Kapitalismus und damit zusammenhängend der heutigen politischen Struktur der Staaten nicht mehr zu verhindern. Die Staaten können um ihrer selbst willen nicht im nötigen Umfang Rechte an übergeordnete, internationale Strukturen abgeben. Es sei denn, sie werden durch weitere dynamische Entwicklung der Krise dazu gezwungen.
Die bisherigen Formen der Intervention verliefen nach derselben Struktur. Es wurde kaum etwas geändert, häufig nur etwas in Memorandenform verabredet, um dessen Umsetzung sich jedoch keiner kümmert und niemand dazu gezwungen werden kann, es sei denn durch eine neue krisenhafte Zuspitzung. Immer jedoch wurde zu Lasten zukünftiger Generationen Zeit gekauft, nicht um grundlegend Neues zu ermöglichen, sondern um mit kleinen Reformen das Bestehende zu retten.
Zum einen ist dadurch jedoch nur die künftige Fallhöhe größer geworden. Zum anderen ist die unmenschliche, unhaltbare und unerträgliche Gerechtigkeitslücke stetig größer geworden. Die Schere in den Nationalstaaten und im globalen Verhältnis zwischen den Staaten und Regionen hat sich auch in der Krise weiter geöffnet.
Zu Recht ist immer wieder gesagt worden, die Frage wäre schon längst nicht mehr ob, sondern nur noch wann der Dollar zusammenbricht. Aber mit dem Dollar würde dann nicht nur un-

ser heutiges Währungs- und Finanzsystem zusammenbrechen, sondern das gesamte wirtschaftliche- und politische System, wie wir es heute kennen.

Während vor 20 Jahren der Sozialismus wegen seiner unmenschlichen Ineffizienz erst kollabierte und dann zusammenbrach, so wird meiner Meinung nach heute der Kapitalismus an seiner unmenschlichen, Gesellschaften und Staaten zerstörenden Effizienz zerbrechen. Das moderne Staatensystem, das mit seiner Infrastruktur und der von ihm aufrecht gehaltenen Rechtsordnung diesen gigantischen Reichtum einiger weniger Personen und Staaten und diese Profite überhaupt erst ermöglicht hat, kann sich auch nur so seiner in der Geschichte in Friedenszeiten noch nie dagewesenen Schuldenlast entledigen. Ein Krieg kann und darf dafür heute nicht mehr geführt werden. Also bleibt nur dieser Weg.

Wie sollten, angesichts einer immer größeren Schere von Arm und Reich in Deutschland, Europa und der übrigen Welt, ohne die Demokratie im Kern und dauerhaft zu zerstören, diese gigantischen Summen durch Einnahmen aus Steuern zurückbezahlt werden. Zudem müssen diese Steuern von allen erbracht werden, um dann an die gezahlt zu werden, die schon jetzt zu Lasten aller so sehr reich sind. Insofern ist die Initiative der amerikanischen Milliardäre eine hellsichtige Maßnahme, um den gerade in den USA derzeit dramatisch steigenden öffentlichen Zorn zu beseitigen und wenigstens die Hälfte ihres Vermögens zu behalten und so die Chance zu vergrößern, das System zu bewahren.

In einer Zeit, in der die gerade erst mit Milliarden staatlicher Gelder geretteten Banken sich für 1 Prozent Zinsen Geld von den Zentralbanken leihen, um es dann an die Staaten für ungleich höhere Zinsen von 3 bis 7 bzw. 8 Prozent zu verleihen, spürt man, dass das Diktum von Berthold Brecht „Was ist ein Bankraub gegen die Gründung einer Bank“ eine ganz neue Dimension bekommt.

Nicht das freiheitliche System der Marktwirtschaft ist jetzt an sein Ende gekommen, sondern eine Form des Kapitalismus,

die ungezügelt ist, weil sie nur nationalstaatlich gezähmt wird und nicht mehr lebensfähig und zeitgemäß ist.
Es ist meines Erachtens zu erwarten, dass in der derzeitigen, unvorstellbar großen und nur wiederholt hinausgeschobenen Krisensituation nicht nur das Finanzsystem, sondern auch das gesellschaftliche System zerbricht und an seine Stelle etwas Neues treten wird. Ich verstehe mich, wenn ich das sage, weniger als Kassandra, die die Katastrophe und den Untergang lustvoll ansagt, sondern als einer, der schonungslos analysiert und eher die Chancen zu dauerhafter und gerechter Entwicklung nach dem Zusammenbruch sieht, als den schwarzen Untergang. Die Analyse der Situation nach 1945 und 1989 lässt hoffen, dass, wenn die gültigen Modelle gescheitert sind, weil sie nicht gerecht und nachhaltig sind, Raum für durchgreifend neue Lösungen entsteht.
Die sich im 16. Jahrhundert bildenden modernen Staaten, in ihrer im 19. Jahrhundert nach der Französischen Revolution entwickelten Form des Nationalstaats, haben bisher die Lasten zur Behebung der Krisen übernommen. Sie werden beim Sturz in den – bisher mehrfach geschauten – Abgrund, vor dem wir sie durch die weltweiten staatlichen Rettungsaktionen bisher bewahrt haben, gerissen werden. Das scheint allen so unvorstellbar, dass sie es für unmöglich erklären und mit allen nur möglichen Mitteln verhindern wollen. Dabei wird übersehen, dass der moderne Staat erst mit der Neuzeit entstanden ist. Es gibt keinen Grund anzunehmen, dass diese geschichtlich junge politische Organisationsform die erste ist, die auf Dauer besteht.
Im Gegenteil. Der Nationalstaat ist für die globalisierte Gesellschaft nicht die geeignete Form, um zu tragfähigen, nachhaltigen und gerechten Lösungen zu kommen. Weil sich aber keiner aus Mangel an historischen Vorbildern vorstellen kann, wie ein Nationalstaat außer durch Krieg überwunden werden kann, glaubt man ihn für alle Zukunft sicher. Aber wie in allen bisherigen Umbrüchen überraschend schnell bis dahin Unvorstellbares Wirklichkeit erlangte, so wird es meines Er-

achtens auch jetzt sein. Es ist letztlich auch im Interesse der Menschen, der Bürger der bisherigen Nationalstaaten, wenn es diese uns zwar vertraute, aber überlebte Form in der bisherigen Form zukünftig nicht mehr gibt. Der Staat wird ja keinesfalls alternativlos verschwinden. Er wird mit weitaus geringeren Kompetenzen in einer nationalstaatsübergreifenden Struktur aufgehen.

Die Unfähigkeit der modernen Staaten, in der gebotenen Geschwindigkeit und Nachhaltigkeit notwendige Entscheidungen zu treffen – und ihre Übernahme der Folgen der Krise durch Bürgschaften und Verschuldung –, wird die Nationalstaaten meiner Ansicht nach über lang oder kurz in den Abgrund reißen. Sie haben Geschichte gemacht und können von der Geschichte in naher Zukunft als nicht mehr zeitgemäß überwunden werden.

Wegen der jüngsten Entwicklungen ist allerdings die Frage geboten, ob es den US-Amerikanern durch ihre Marktmacht gelingt, den Dollarcrash solange zu verhindern, bis an den Folgen der amerikanischen Spekulationen erst der Euro zusammenbricht und den Dollar mitreißt oder, wie bisher vermutet, umgekehrt. Im Ergebnis dürfte es das Gleiche bleiben. Man wird anders als in Bretton Woods nicht noch einmal ein System nationaler Währungen aufbauen, sondern eine Weltwährung aufbauen müssen. Keine Region der Welt wäre heute in der Lage, von anderen geduldet, ihre Währung als Weltleitwährung zu etablieren. Zugleich braucht eine so interdependente, globalisierte Welt eine gemeinsame Währung mit einer globalen Regulierung und Aufsicht. Zumindest würde ein globaler Währungskorb bzw. eine globale Grundwährung des IWF zu entwickeln sein. Es müssen in einer so fragilen Situation wie der, in der wir sind, Szenarien gedacht werden, wie man mit einer Situation umgeht, die ähnlich grundlegend neu ist wie die von 1989 oder mehr noch die nach dem 2. Weltkrieg.

1989 sind Dinge, die als undenkbar galten, geschehen. Wir haben auch danach noch mehrfach die Erfahrung gemacht, dass solche bis dahin unvorstellbaren Dinge geschehen sind.

Wenn das Unvorstellbare geschieht, warum sollte dann nicht erst recht auch Vorstellbares Wirklichkeit werden?
„Es muss sich alles ändern, damit es wird, wie es sein soll", könnte man den berühmten Satz des Fürsten aus Giovanni di Lampedusas Roman zeitgemäß übertragen. Wir haben 1989 zwar eine neue Partei begründet, dabei aber auf Bekanntes zurückgreifen können und wollen. Aber auch die SPD hat sich verändert. Als ich 1993 schrieb, dass die SPD im Westen in der Ost-SPD ihre eigene Zukunft vor Augen hat, haben viele protestiert. Aber es ist so gekommen. Keiner von uns hat damals geahnt und geglaubt, dass die Partei schon 2010 weniger als die Hälfte ihrer Mitglieder haben würde von der Zeit, als wir ihr 1990 beitraten. In weniger als 20 Jahren hat sich die Mitgliederzahl halbiert von knapp unter einer Million auf deutlich unter 450 000. Wieviele Mitglieder aber werden wir verlieren, wenn die ungleich schwierigeren Probleme gelöst werden müssen, die wir bisher im politischen Konsens aller Parteien geschickt in die Zukunft verschoben haben oder sie zumindest mit Geld aus der Zukunft bezahlt haben? Wir werden uns dann gern an die Zeiten erinnern, in denen wir so kleine Probleme wie „Hartz IV" und „Rente mit 67" diskutieren konnten. Und wie dynamisch werden wir als Partei auch rein demographisch in Zukunft verlieren? Nicht nur, weil die zahlenmäßig starken älteren Jahrgänge gehen, sondern ebenso weil die schwächeren, jüngeren Jahrgänge nicht kommen.
Wer die Demokratie auf lokaler, regionaler und nationaler Ebene bewahren will, muss sie nicht nur reformieren, sondern ihr auch auf globaler Ebene zum Durchbruch verhelfen. Der Überdruss und die grassierende Demokratiemüdigkeit auf der lokalen, regionalen und nationalen Ebene hängt meines Erachtens zunehmend auch damit zusammen, dass immer mehr Entscheidungen zunehmend unter kaum verstehbaren und vermittelbaren Druck „von oben" zustande kommen. In fünf Tagen hat der Bundestag 2008 ein Finanzpaket geschnürt, dass fast das Dreifache eines Gesamthaushaltes ausmachte – für den sonst Erarbeitungs- und Beratungszeiten von über ei-

nem halben Jahr zur Verfügung stehen. Der Grund waren die befürchteten Reaktionen der globalen Finanzzentren auf die Schieflage deutscher Banken, die die gesamte Weltfinanzwirtschaft in den Abgrund zu reißen drohten. Das heißt, ein nationales Parlament musste mit nationalem Geld Banken retten, die sich global verzockt hatten, weil sonst die Hypo Real Estate eine Schockwelle mindestens wie die der amerikanischen Lehmann Brothers Bank um die Welt geschickt hätte. Vergleichbar erleben viele den Klimawandel. Ein uns nur vermitteltes, uns persönlich aber noch nicht betreffendes Problem erzwingt langfristiges, globales Handeln mit konkreter persönlicher Wirkung. Immer mehr politische Entscheidungen müssen um Wirksamkeit entfalten zu können, auf kontinentaler oder globaler Ebene getroffen werden, die aber erst im Ansatz demokratische Strukturen dafür entwickelt haben.
Wir mussten 1989 die SPD nicht neu erfinden sondern sie nur wieder neu begründen. Heute müssen wir, um einen tragfähigen Beitrag, einen wichtigen Impuls zur Lösung bestehender Demokratiedefizite zu geben, nur den bestehenden Strukturen zu wirklicher Geltung verhelfen. Die PSE, die Sozialdemokratische Partei Europas, muss von uns entwickelt werden zu dem, was sie zukünftig sein muss: die starke Stimme der Sozialdemokraten in Europa. Sie muss auf demokratische Weise Entscheidungen treffen dürfen über ein Europäisches Grundsatzprogramm, was die Fraktion der Sozialdemokraten im Europäischen Parlament bei ihren Entscheidungen berücksichtigt. Aber es steht zu befürchten, dass auch diese Entwicklung erst in der Dynamik nach dem Zusammenbruch möglich wird. Ebenso brauchen wir eine Stärkung der Sozialistischen Internationale. Derzeit ist es nur ein lockeres Bündnis von sozialistischen und sozialdemokratischen Parteien in der Welt.
Aber wenn wir der Demokratie im globalen Rahmen eine Chance geben wollen – und sie kann regional und national nur bewahrt werden, wenn wir ihr auf globaler Ebene neue Entfaltungsmöglichkeiten geben – müssen wir gerade auch als deutsche Sozialdemokraten einen solchen Prozess wollen, for-

dern und fördern und mit allen unseren Mitteln unterstützen. Vor allem auf dieser Ebene müssen Sozialdemokraten perspektivisch die relevanten Antworten auf den bevorstehenden globalen Wandel und die sich daraus ergebenden Möglichkeiten dynamischer politischer Gestaltung geben.

Wie 1989 sollte man heute keine Angst haben. Es kann nach einem grundlegenden Wandel infolge des Zusammenbruchs der derzeitigen Strukturen und aufgrund der dann möglichen Entwicklungen nur besser werden als es derzeit weltweit ist. Nur dadurch, dass nicht mehr weiter praktiziert wird, was doch schon lange gegen die global geltenden Menschenrechte verstößt, gibt es die Möglichkeit einer nachhaltigen, guten Entwicklung.

# Autorinnen und Autoren

*Dr. Konrad Elmer-Herzig*, geb.1949, evangelischer Theologe. 1989 Ost-Berliner Studentenpfarrer. Leitete die Gründungsversammlung der SDP am 7. Oktober 1989 und wurde deren Vorstandsmitglied. Redner der SDP auf der Berliner Großdemonstration am 4.11.1989. 1990 Vorstandsmitglied SPD-Ost. Vorsitzender des Ausschusses Bildung und Wissenschaft der letzten Volkskammer. 1990 bis 1994 MdB von Berlin-Pankow–Weißensee–Hohenschönhausen. Versuchte als Mitglied der Verfassungskommission von Bundestag und Bundesrat den Begriff Mitmenschlichkeit verfassungsrechtlich zu verankern. Seit 1995 Pfarrer der Erlöserkirche Potsdam. Initiator mehrerer Umweltprojekte.

*Norbert Gansel*, geb. 1940, Jurist. 1969 bis 1970 stellvertretender Bundesvorsitzender der Jungsozialisten. Seit 1968 Mitglied im Parteirat der SPD; von 1986 bis 1991 als dessen Vorsitzender. Von 1991 bis 1995 Mitglied im Parteivorstand der SPD. Von 1972 bis 1997 Mitglied des Deutschen Bundestages; u.a. von 1994 bis 1997 Stellvertretender Vorsitzender des Auswärtigen Ausschusses. Von 1997 bis 2003 Oberbürgermeister von Kiel.

*Sabine Heideler*, geb.1960, Dipl.-Ing. für Landschaftsarchitektur. Mitglied des Vorstandes der SDP vom 7. Oktober 1989 bis zur Parteienvereinigung im September 1990. 1991 bis 1995 wissenschaftliche Referentin der SPD-Bundestagsfraktion. Seit 1996 freiberuflich tätig. Seit Januar 2008 parteilos

*Stephan Hilsberg*, geb. 1956, Ingenieur für Informationsverarbeitung. 1988 zur Friedensbewegung in der DDR gestoßen. 1989 Mitglied der IFM (Initiative für Frieden und Menschenrechte). 7.10.1989 Gründungsmitglied SDP. 7.10.90 Erster Sprecher der SDP bis Februar 1990. Danach Geschäftsführer der Ost-SPD bis Juli 1990. 18.3.1990 bis 2.10.90 MdVK. 3.10.1990 bis September 2009 MdB. 1997 bis 2000 Mitglied im Fraktionsvorstand der

SPD-Bundestagsfraktion. 2000 bis 2002 Staatssekretär beim Bundesminister für Verkehr, Bau und Stadtentwicklung. 2004 bis 2006 Landesgruppensprecher der Landesgruppe Ost in der SPD-Bundestagsfraktion. 2005 bis 2007 Stellvertretender Vorsitzender der SPD-Bundestagsfraktion. Zur Zeit publizistisch und musikalisch tätig.

*Torsten Hilse,* geb. 1955, Drucker, Dipl.-Ingenieur. 1987 bis 1991 Herstellungsleiter bei der Evangelischen Verlagsanstalt Berlin. Am 7. Oktober 1989 Gründungsmitglied der SDP in Schwante. Mitglied des Abgeordnetenhauses von Berlin von 1991 bis 1995 und erneut seit 2001. Stellvertretender Kreisvorsitzender der SPD Pankow von 1990 bis 2007. Geschäftsführer der verbum Druck- und Verlagsgesellschaft mbH.

*Thomas Krüger,* geb. 1959, Plast- und Elastfacharbeiter, evangelischer Theologe. November 1989 Geschäftsführer der Ost-Berliner SDP. Februar 1990 Stellvertretender Vorsitzender der SPD Ost-Berlins. 18.3.1990 Mitglied der Volkskammer. Wahlkampfleiter zu den Stadtverordnetenwahlen am 6.3.1990. 31.5.1990 Wahl zum Stadtrat für Inneres und Erster Stellvertreter des Oberbürgermeisters von Ost-Berlin. September 1990 Stellvertretender Landesvorsitzender der Berliner SPD. Seit 1995 ehrenamtlicher Präsident des Deutschen Kinderhilfswerkes (DKHW). Mitglied der Arbeitsgruppe „Migration" beim Parteivorstand der SPD sowie des Kulturforums der Sozialdemokratie (zeitweise Vorstandsmitglied, aktuell Kuratoriumsvorsitzender des Berliner Kulturforums). Seit 2000 Präsident der Bundeszentrale für politische Bildung.

*Susanne Kschenka,* geb. 1964, Diplomjuristin. 1990 juristische Mitarbeiterin im Konsistorium der Evangelischen Kirche der Kirchenprovinz Sachsen in Magdeburg. Mitglied des Vorstandes der SDP im Bezirk Magdeburg als Schatzmeisterin. 1994 Austritt aus der SPD. Juristin und Mediatorin, Mitarbeiterin im Mobilen Beratungsteam Brandenburg.

*Christoph Matschie*, geb.1961, Mechaniker, evangelischer Theologe. 1990 Vertreter der SDP am zentralen Runden Tisch. 1990 Leiter für Politische Planung der SPD-Ost. 1990 bis 2004 Mitglied des Deutschen Bundestages. 1998 bis 2002 Vorsitzender des Ausschusses für Umwelt, Naturschutz und Reaktorsicherheit. 2002 bis 2004 Parlamentarischer Staatssekretär bei der Bundesministerin für Bildung und Forschung. Seit November 1999 Vorsitzender der SPD Thüringen. Seit November 2001 Mitglied im SPD-Bundesvorstand. Seit 2004 Mitglied des Thüringer Landtags; dort 2004 bis 2009 Vorsitzender der SPD-Fraktion. Seit 2005 Mitglied im Präsidium der Bundes-SPD. Seit 2009 Thüringer Minister für Bildung, Wissenschaft und Kultur.

*Markus Meckel*, geb. 1952, evangelischer Theologe. 1980 bis 1988 Pfarramt Vipperow/Müritz. 1988 bis 1990 Leiter der Ökumenischen Begegnungs- und Bildungsstätte in Niederndodeleben bei Magdeburg. Oppositionelle politische Arbeit in der DDR seit den 1970er Jahren. Mit Martin Gutzeit Initiator der Gründung der Sozialdemokratischen Partei in der DDR (SDP). Vertreter der SDP am Zentralen Runden Tisch. Mitglied der Volkskammer vom 18.3. bis 2.10.1990. April bis August 1990 Außenminister der DDR. Mitglied des Bundestages von 1990 bis 2009.

*Matthias Müller*, geb. 1950, Dipl.-Physiker TU Dresden, M.A. in International Politics, Université Libre de Bruxelles, M.A. in European Union Law, University of Leicester. 1973 bis 1990 wissenschaftlicher Mitarbeiter Forschungsinstitut Manfred von Ardenne Dresden. 1989 bis 1990 Mitglied Stadtvorstand Dresden der SDP/SPD. 1990 Vorsitzender des Landesparteirates Sachsen. Seitdem keine Funktionen mehr in der SPD. 1990 bis 1991 Stagiaire Europäisches Parlament Brüssel. Seit 1992 Referent Sachsen-Verbindungsbüro Brüssel.

*Arndt Noack*, geb. 1951, evangelischer Theologe. 1989 Studentenpfarrer in Greifswald. Bis Februar 1990 im SDP/SPD-Vorstand. Seit 1993 Pfarrer in den Kirchengemeinden Ranzin und Benz in Mecklenburg-Vorpommern. Seit 2010 im Vorruhestand.

*Steffen Reiche,* geb. 1960, evangelischer Theologe. 7. Oktober 1989 Mitbegründer der Sozialdemokratischen Partei der DDR (SDP); Mitglied des Vorstandes. März 1990 bis Oktober 1990 Mitglied der ersten frei gewählten Volkskammer der DDR. September 1990 bis Juli 2000 SPD-Landesvorsitzender von Brandenburg. Oktober 1990 bis Oktober 2005 MdL in Brandenburg. 1994 bis 1999 Minister für Wissenschaft, Forschung und Kultur in Brandenburg. 1999 bis 2004 Minister für Bildung, Jugend und Sport in Brandenburg. 2005 bis 2009 MdB; Mitglied im Vorstand der SPD-Bundestagsfraktion. Pfarrer in Berlin-Brandenburg.

*Rolf Schmachtenberg,* geb. 1959, Diplommathematiker Universität Heidelberg, promoviert in Volkswirtschaftslehre (Universität Mannheim). 1990 Wirtschaftspolitischer Berater beim Präsidium der SPD. 1990 bis 2001 Leiter der Abteilung „Arbeit" im Brandenburgischen Ministerium für Arbeit, Soziales, Gesundheit und Frauen. Seit 2002 im Bundesministerium für Arbeit und Sozialordnung als Unterabteilungsleiter tätig. Bis Januar 2010 zuständig für Arbeitsförderung, Arbeitslosenversicherung und Grundsicherung für Arbeitsuchende; seit Februar 2010 zuständig für Soziales Entschädigungsrecht und Versorgungsmedizin. Einfaches SPD-Mitglied in Berlin-Mitte.

von West- und Ost-SPD. zum zwanzigsten Mal. 12 Autorinnen und Autoren versammeln sich aus diesem Anlass in diesem Buch und beschreiben eindringlich, warum sie sich ein Jahr zuvor, am 7. Oktober 1989, daran beteiligt haben, die Sozialdemokratische Partei in der DDR (SDP) zu gründen. Es wird deutlich, dass das sozialdemokratische Erbe in den Köpfen vieler, zum SED-Staat kritisch eingestellter Menschen sehr präsent war.

Markus Meckel hat die Gründung der SDP mitinitiiert. Von April bis August 1990 war er Außenminister der DDR, von 1990 bis 2009 Mitglied des Bundestages. Steffen Reiche hat die SDP mitgegründet. Von 1994 bis 1999 war er Minister für Wissenschaft, Forschung und Kultur, von 1999 bis 2004 Minister für Bildung, Jugend und Sport (beides in Brandenburg), von 2005 bis 2009 Mitglied des Bundestages.

ISBN 978-3-86602-480-9
9 783866 024809

vorwärts | buch